LAS VEGAS
ザ・ラスベガス

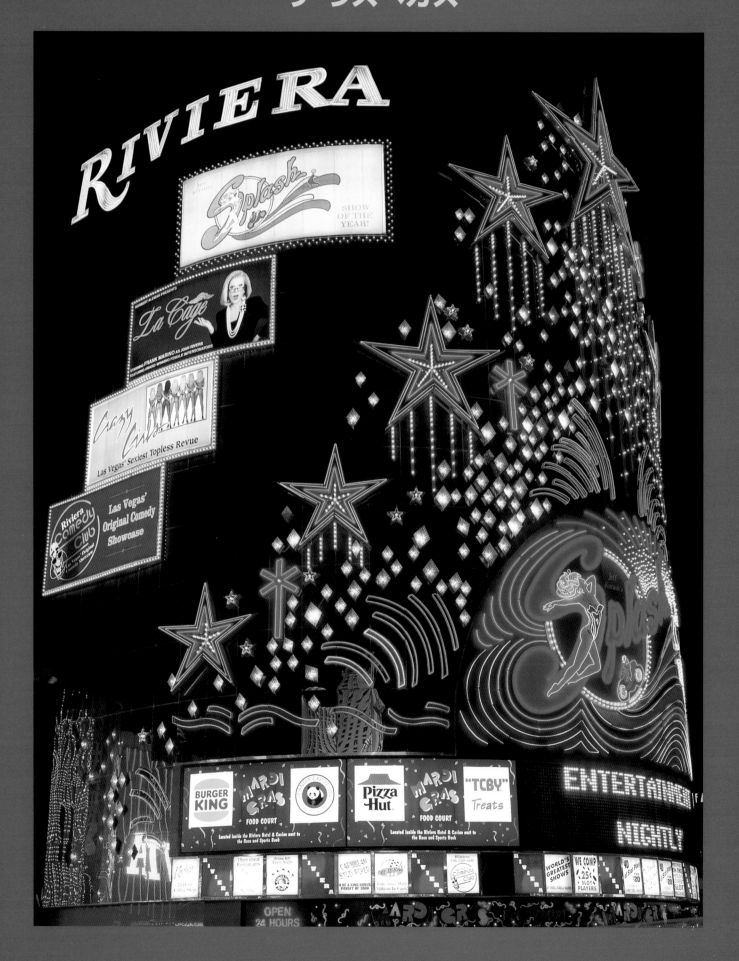

ザ・ラスベガス　目次

LAS VEGAS CONTENTS

NEW YORK-NEW YORK HOTEL&CASINO
ニューヨーク・ニューヨーク

3790 LAS VEGAS BOULEVARD SOUTH, LAS VEGAS NEVADA

正面の裏側に当たる南西側ファサード。正面ファサードからは見られないAT&Tビルが出現するのがご愛嬌
Southwest facade

車寄せ　Porte Cochere

45mの高さで再現された自由の女神　The replica of the Statue of Liberty

摩天楼とローラーコースターというニューヨークには絶対にありえないロケーション
The rollercoaster runs alongside the skyscrapers

1階のカジノを2階より見下ろす　Overlooking the casino

スロットマシンにあしらわれた自由の女神のパロディ像
The parody of the Statue of Liberty

上・下／ホテル客室へアクセスするエレベーター
Top,bottom／Elevator to the guest rooms

ロックフェラーセンターの中庭を模した「ハイ・ソサエティー」　"High Society" at casino

カジノの一角にある「エンパイア・バー」　"Empire Bar"

「ファイナンシャル・ディストリクト」　"Financial District" at casino

「セントラルパーク・カジノ」のスロットマシンコーナー　Playing the slots

ニューヨークのタイムズスクエアをイメージしたファサードの「ザ・バー・アット・タイムズスクエア」
"The Bar at Times Square"

チャイニーズ・カフェ「Chin Chin」　Chinese cafe "Chin Chin"

1997年1月3日，ザ・ストリップにニューヨークの摩天楼がオープンし，大変な話題を呼び，ラスベガス最大のスポットとして全米はもとより，世界各国からの観光客でにぎわっている。この「ニューヨーク・ニューヨーク」はMGMグランド社とプリマドンナ・リゾート社の共同事業で，総額4億6,000万ドルを投じたもの。自由の女神がザ・ストリップとトロピカーナ通りの角地に立ち，エンパイア・ステートビルをはじめ12のタワービルのすべては実物の3分の1のスケールに統一され，47階建て，2,035室は文字通りラスベガス一のホテルの高さを誇り，また，高さ15メートル，長さ90メートルのブルックリン・ブリッジの5分の1のレプリカもあり，ニューヨークの外観を見事に再現している。ホテル内から出発して，建物を縫うようにして走るコニーアイランドスタイルのローラーコースターは「マンハッタン・エキスプレス」と名づけられ，日本のトーゴ・インターナショナル社がデザインしたもの。トラック全長は1,452m，最高位62m，最高落差は44m，最高時速108キロで走り人気の的となっている。パークアベニュー，ウォールストリート，セントラルパーク，タイムズスクエア等を模した1階の7,800m²のカジノホールは，不夜城・ニューヨークの雰囲気を見事に演出している。ラスベガスで最も偉大なホテル＆カジノを目指して建設されたこの「ニューヨーク・ニューヨーク」は，「世界で最も忘れがたい場所になるはずである」とインタビューに答えたウィリアム・シャーロック社長は豪語する。

「アメリカ レストラン」　"America Restaurant"

「アメリカ レストラン」の入り口壁面　The wall of "America Restaurant"

On January 1997, "the skyscrapers in New York" opened on the "Strip", Las Vegas, Nevada. The new sights soon became the topic of the day as the hottest spot in Las Vegas, and were bustling with tourists not from the States, but from all over the world.

The MGM Grand and Primadonna Resorts' joint management invested $460,000,000 into this new attraction which is now called **New York-New York**. There, one can see the Statue of Liberty standing on the corner of the Strip and Tropicana Avenue. All twelve of the towering buildings, including the Empire State Building were reduced to a scale one-third their original size. Still, the total number of rooms throughout the complex is 2,035. The tallest building of New York-New York is 47 stories high and is also the tallest building in Las Vegas, a proud sight indeed. Furthermore, with the presence of a one-fifth scale Brooklyn Bridge measuring 15m in height and 90m in length, those reproductions were able to successfully create an atmosphere of New York in Las Vegas.

Starting from inside the hotel, a Coney Island style roller coaster named **Manhattan Express** runs alongside the buildings. The total railway has 1,452m of track. Its highest point measures 62m and its longest drop is 44m. Designed by TOGO INTERNATIONAL of Japan, the Manhattan Express runs with a maximum speed of 108 kph and is gaining popularity.

The 7,800 square meters casino on the first floor was modeled after Park Avenue, Wall Street, Central Park and Times Square. And again, it successfully produces an atmosphere of New York ---"the city that never sleeps".

Constructed under the promise of to be the greatest hotel and casino in Las Vegas, "New York-New York would soon become the most unforgettable place in the world," asserts William J. Sherlock, President of New York-New York.

フロントデスク　Front Desk

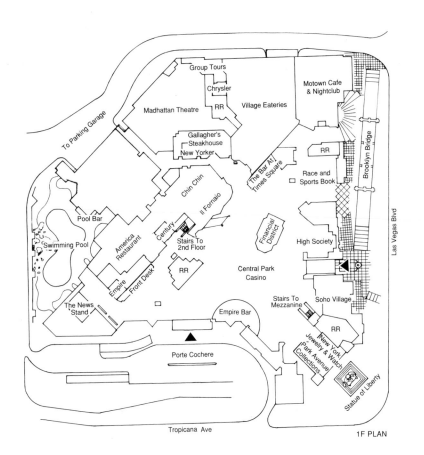

1F PLAN

イエローキャブのイメージのCHANGEのカート
Change

新しい体験を提供する創造性が
ラスベガスにおけるホテルビジネスの成功条件

ウィリアム・J・シャーロック
（「ニューヨーク・ニューヨーク」社長 兼 チーフエグゼクティブオフィサー）
William J. Sherlock President / CEO of NEW YORK-NEW YORK

聞き手／武藤佐智子
Interviewer / Sachiko Muto

ウィリアム・J・シャーロック
William J. Sherlock

ビル全部を持っていくというのが発端

── まず，あなたの経歴からお聞かせください。

WJS 年は47歳です。1973年にヒルトンホテルに入社したのを皮切りに，1988年には「ラスベガス・ヒルトン」の副社長兼総支配人になり，その後ネバダ州リノの「フラミンゴ・ヒルトン」の社長に就任しました。それからラーフリンにある「フラミンゴ・ヒルトン・ラーフリン」の社長になり，1995年6月には「ニューヨーク・ニューヨーク」の社長兼チーフエグゼクティブオフィサーを引き受け，今日に至っています。

── この「ニューヨーク・ニューヨーク」のオーナーは誰なのでしょうか。

WJS 「ニューヨーク・ニューヨーク」は50％ずつの出資で成り立っています。50％をMGMグランド社が所有し，残りの50％がプリマドンナ・リゾート社というわけです。MGMはこの他に「ニューヨーク・ニューヨーク」の通りをはさんだ反対側に「MGMグランド」も所有しています。また，プリマドンナ・リゾート社はネバダ州とカリフォルニア州の州境に三つのホテルを所有しています。

── 「ニューヨーク・ニューヨーク」の構想は，いつ，どのようにして生まれたのでしょうか。

WJS 1993年か1994年のいつだったか，ラスベガスから来た二人の紳士がニューヨークの街の一角を歩いていました。ふと前にそびえ立つ印象的な高層ビルを見上げると，この二人にとてつもないアイデアが浮かんだのです。「ラスベガスにこれらのビル全部を持っていけたらどんなにすごいだろう」ってね。そして二人はプリマドンナ・リゾート社のハワード・プリム氏に会いに行くのです。プリム氏はザ・ストリップにこのホテルが建設できるのであれば，このアイデアはいけると思いました。MGMグランド社のオーナーもこのアイデアを大変気に入り，同社が所有していた一等地に建てられたというわけです。

── 「ニューヨーク・ニューヨーク」はこれまでのところ成功と言えますか。

WJS ええ，大変な成功を収めています。私たちの期待以上です。私どもにはポジティブな反響が寄せられていますし，オープン以来，客室の稼働率も順調です。

── 「ニューヨーク・ニューヨーク」は成功を収めていますが，MGMグランド社やプリマドンナ・リゾート社では，次はどのようなプロジェクトを計画しているのでしょうか。

WJS MGMグランド社は最近，アトランティックシティに進出する旨を発表しました。現在，そちらにホテルを建設中です。プリマドンナ・リゾート社からは，特に次の計画についての発表はありませんが，もちろん事業を拡大させることには興味があるでしょう。

ラスベガスには飽和状態はありえない

── ラスベガスではどの企業がホテル＆カジノ市場で一番のシェアを占めているのでしょうか。

WJS サーカス・サーカス・エンタープライズがネバダ州の最大手企業でしょうね。彼らは最大の客室数を持っているんです。そして次はミラージュ・リゾート社と最近「バリーズ」を買収したヒルトン・コーポレーションの両社がその後を追っています。客室数と従業員数という点では，おそらくこの三社がラスベガスで最大でしょう。

── ラスベガスの開発のスピードには誰もが驚いていると思いますが，過去10年間の急成長の背景にはどのような理由があると思われますか。

WJS ラスベガスをユニークな存在にしている要因にはいろいろあると思いますが，その一番めは天候でしょう。ラスベガスでは1年のうち320日が晴天なので，東部や中西部から人々を引き寄せているのだと思います。

第二には空港が挙げられます。空港はこれまでホテル＆カジノとともに成長してきました。ゲート数の増設がラスベガスへのより多くのフライトを可能にしたのです。空港と街がすぐ近くにあるということもプラスの要因です。

そして三番めはラスベガスのホテル＆カジノの経営者たちの，「この地をギャンブルができる場所だけでは終わらせない」という熱い思いです。彼らは，このラスベガスを家族全員で遊び楽しめる場所にしたいのです。

── ラスベガスには100,000室以上の客室があると聞いていますが，既存のホテルと現在建設中，計画中のホテルで，その市場が飽和状態になる危険性があるのではないでしょうか。

WJS この質問は皆さんからよく受けます。1989年に「ザ・ミラージュ」がオープンした時，誰もが市場が飽和状態になるのではと心配しました。翌90年の「エクスキャリバー」の時も同様でした。93年には「トレジャーアイランド」，「MGMグランド」，「ルクソール」が6週間の間に次々にオープンし，また，昨年は「ストラトスフィア」と「モンテ・カルロ」がオープンしました。われわれの答えは非常に簡単なんです。「モンテ・カルロ」も「ニューヨーク・ニューヨーク」も驚くべ

SM : Please tell us a little bit about your background.

WJS : Well, I am 47 years old. I started in the hotel business in 1973 in the Hilton Hotels Corporation. I was in the hotel side of the business up until 1988 when I took the job as Vice President / General Manager of the Hilton in Las Vegas. After that I went to Reno, Nevada, where I was the President for the Flamingo Hilton in Reno also known as the Reno Hilton. I then went to Laughlin where I was the President for the Flamingo Hilton Laughlin. In June of 1995 I took this job as President and CEO of the New York-New York Hotel.

SM : Who is the owner of New York-New York?

WJS : Well, New York-New York is a fifty-fifty partnership. It is owned to 50% by MGM Grand Incorporated and the other 50% is owned by Primadonna Resorts.

MGM also owns the MGM Grand Hotel which is located just across the street from New York - New York. Primadonna Resorts owns three hotels in Primm, Nevada, also known as Stateline, Nevada.

SM : When and how was the idea born for the New York-New York hotel?

WJS : Sometime in 1993 or 1994, two gentlemen from Las Vegas were walking down a street in New York City. Looking up at the tall impressive buildings, they came up with a crazy idea : wouldn't it be great to bring it all to Las Vegas ? The two gentlemen went to Howard Primm of Primadonna Resorts who liked the idea for a hotel, but only if it could be built on the Strip (Las Vegas Boulevard). As it was, the best land on the strip was owned by the principal owner of MGM Grand who of course loved the idea. A partnership was formed and the rest, as they say, is history.

SM : And has New York-New York been a suc-

cess so far?

WJS : Yes, the hotel is very successful, beyond our expectations. We have had a very positive response and have run tremendous occupancy rates since we've opened.

SM : Since New York-New York has proved to be such a success, do you know if the owners, MGM Grand and Primadonna Resorts are planning any new projects?

WJS : Well, MGM Grand has announced that they would like to go into Atlantic City and they are currently building a hotel there, Primadonna Resorts hasn't announced anything specific but is of course interested in expanding.

SM : Do you know which company owns the single biggest share of the hotel and casino market in Las Vegas?

WJS : Well Circus Circus Enterprises is the largest employer in the state of Nevada, they also have the most units. Mirage Resorts is

き客室稼働率を誇っている，です。
その理由として考えられることは，われわれがお客様に新しいユニークな体験を提供しているからです。われわれのホテルはただの四角い箱ではありません。今日では，お客様はラスベガスへ行くとは言わず，たとえば「ザ・ミラージュ」，「シーザース・パレス」とか「ニューヨーク・ニューヨーク」へ行くと具体的なホテル名を言うんです。新しい体験のできる所には，もっと多くの人が来て体験できるだけの余地があります。ある意味では市場のシェアを競うためにホテルを建てたのではなく，市場そのものを育てるために建設したという言い方もできると思います。
―― ということは，ラスベガスの未来はテーマパークやその他の娯楽施設たとえば，豪華なショーとかにかかっているのでしょうか。
WJS そうですね，テーマ性の追求とか娯楽等がたしかにラスベガスのこれからの将来の方向性でしょう。現在，ホテルではお客様が完璧な休暇を体験できるような態勢を採っています。ホテルにはカジノだけではなく，レストラン，ショッピングモール，そしてショーが見られる劇場などがあります。ラスベガスに4日間滞在して1日もホテルから一歩も外へ出ないことも可能なんです。まあ，それがわれわれの目指すところなんですが。

ラスベガスは四カ所だけ見ればよい

―― ラスベガスを訪れる観光客の大部分はどこから来るのですか。
WJS ラスベガスの市場は国際的ですが，メーンはやはり合衆国内です。具体的に言えば，南カリフォルニアや中西部です。南カリフォルニアからは車，飛行機という二つのルートで来ることが可能なので，伸び盛りの貴重なマーケットと言えます。そして中西部もわれわれにとっては有益なマーケットと言えます。というのも，このラスベガスが素晴らしい天候であることと中西部における賭博場不足のためです。東部はアトランティックシティが利便が良いということが明らかになって以来，ラスベガスにとってマーケットが縮小しました。
しかしながら「ニューヨーク・ニューヨーク」では，特別な魅力によってこのマーケットの一部を伸ばすことができると思います。実際のところ，私どもではニューヨークからたくさんの観光客を呼び寄せたことで，すでにこれを証明したと思っています。この状態が，これからも続くように祈っています。
国外に関しては，伝統的にドイツとイギリスからのお客様が大変多いのです。この2～3年では中国と日本からのお客様が数を伸ばしています。「ニューヨーク・ニューヨーク」では日本人のお客様から大変ポジティブな反響をいただい

ています。日本人のお客様はこのホテルのコンセプトがお気に入りのようですね。その意味でも，日本は大変重要なマーケットと言えます。
―― 国内，海外でのホテルの宣伝はどうされているのですか。
WJS ラスベガスの代表的なマーケットである南カリフォルニア，アリゾナ，中西部では宣伝活動に力を入れています。が，ニューヨークでは限定しています。
海外のマーケットへは，パブリシティに頼っています。テレビ局や雑誌関係者が世界中から来てくださいますので，全く楽です。取材してくださいと，お願いしなくてもよい立場にいられることは全く結構なことです。
―― 最後に，ラスベガスのホテル・ビジネスにおいて成功するためにもっとも重要なことは何だとお考えですか。
WJS まず立地でしょうね。そして他よりいつも一歩先を行き，お客様にそこでしか得られない何かを提供するという創造性も同様に大切です。誰もがラスベガスで必見のアトラクションのことを話題にするでしょうが，わたしに言わせれば必見と言えるのは「ザ・フォーラム・ショップス・アット・シーザース」，「ザ・ミラージュ」の火山と虎，世界最大級の「MGMグランド」，そしてユニークなアイデアのわたしどもの「ニューヨーク・ニューヨーク」の四つだけだと思います。

probably very close to Circus Circus as is the Hilton Hotels Corporation now that it has bought Bally's. I would say that those three are probably the biggest in Las Vegas based on the number of hotel rooms and employees.

SM : I think everybody is amazed at how fast Las Vegas has developed.What do you think is the reason behind the tremendous growth of Las Vegas in the last decade or so?

WJS : I think there are a number of factors that make Las Vegas unique. Number one is the climate, Las Vegas has something like 320 sunny days a year, which makes it very attractive to people in the East and Midwest.Number two is the airport. It has grown along with the hotel industry and the gaming industry.The number of gates have increased which has made it possible for more carriers to fly to Las Vegas. The close proximity of the airport to the city is also a plus. The third factor is that the people who build and run the hotels in Las Vegas have made them into more than just places for gambling, they have made them into entertainment centers for the whole family.

SM : I read somewhere that Las Vegas has over 100,000 hotel rooms. With all these big hotels and more on the way, do you think that there's a risk for the market to become saturated?

WJS : Well, this is a question that people have asked over and over. In 1989 when the Mirage was built people wondered if the market would be saturated. In 1990, when the Excalibur was built people asked the same thing. In 1993, Treasure Island, MGM Grand and Luxor all opened within about a six-week period and this year we've opened as well as the Stratosphere and Monte Carlo. Obviously, the question is bound to come up again and when it does our response is simple : both Monte Carlo and New

York-New York run tremendous occupancies and the reason is that we provide people with new and unique experiences, our hotels aren't just square boxes. Nowadays people don't say they're going to Las Vegas, they say that they're going to a certain property : to the Mirage, Caesar's Palace or New York-New York. Where there are new experiences there's always room for more people to come and experience these, so in a way one could say that instead of building hotels to compete for a share of the market, we grow the market.

SM : So you think that the future of Las Vegas lies in the theme parks and other entertainment, for example in form of spectacular shows?

WJS :Yes, the theming and the entertainment is definitely the future of Las Vegas. The hotels now are providing people with a complete holiday experience. Inside the hotels are not just casinos, there are restaurants, shopping malls and shows. You could actually come to Las Vegas for four days and never leave the hotel, in fact that is what we'd like you to do!

SM : Where do visitors to Las Vegas mostly come from?

WJS : Las Vegas has a strong international market,but the bread and butter of the hotels and casinos here is really the United States, and more specifically Southern California and the Midwest. Southern California is important both as a drive market and a fly market and the Midwest is strong for us because of the wonderful climate enjoyed here and the lack of gaming in the Midwest. The East is less of a market for Las Vegas since Atlantic City obviously is a lot more convenient for the people there.
However,we at New York-New York think that we can grow that part of the market because of

our special appeal.In fact we have already proven that we draw a lot of New York visitors and hopefully we will continue to do so.
When it comes to the rest of the world, we traditionally have a lot of visitors from Germany and Britain. During the last few years,there has been an increase in the number of visitors from China and Japan. At New York-New York we have noticed a very positive response from our Japanese customers. They seem to like the concept of the hotel and the demand from that market has been very strong for us.

SM : Do you advertise the hotel across the country and overseas?

WJS : We do advertise in the typical Las Vegas market, which are again Southern California, Arizona and the Midwest. We advertise very little in New York and for the world market we rely on the tremendous amount of free publicity that we get.We have TV-crews and magazine people from all over the world on our doorstep. It is very nice to be in a reactive position where we don't have to go out and solicit attention, where the people come to us.

SM : Finally, what do you think is the most important thing needed to be successful in the hotel business in Las Vegas?

WJS : Well, location is very important,but it is also important to be innovative, to stay ahead of the rest, to offer your customers something that they can't get anywhere else.
Everybody talks about the must-see attractions in Las Vegas and in my mind there are only four of these, namely : the Forum Shops at Caesars ; the Mirage with its volcano and its tigers ; the MGM Grand because it is the largest hotel in the world ; and finally us because of our unique concept.

タワーを南側より見る　South facade

■全米一の高さのタワーを備えたホテル＆カジノ■

STRATOSPHERE　HOTEL&CASINO
ストラトスフィア

2000 LAS VEGAS BOULEVARD SOUTH, LAS VEGAS NEVADA

パリのエッフェル塔の脚部のイメージでまとめられた，１階カジノと２階ショッピング街をつなぐ階段とエスカレーター
The staircase leading to the second floor

ビデオポーカーとスロットマシンのコーナー　Casino

ルーレット（手前）とスロットマシンのコーナー　Casino

香港の雰囲気のショッピング街通路　Shopping promenade

ショッピング街通路。この手前にタワー頂部へのエレベーターがある
Shopping promenade

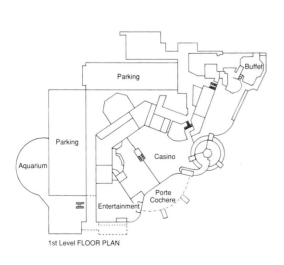

1st Level FLOOR PLAN

Parking

Buffet

Parking

Casino

Aquarium

Entertainment

Porte
Cochere

◀ 2階ショッピング街の通路　Shopping promenade

「グレート・ウオール・オブ・マグネット」　"Great Wall of Magnet"

「ストラトスフィア・ギフト・ショップ」　"Stratosphere Gift Shop"

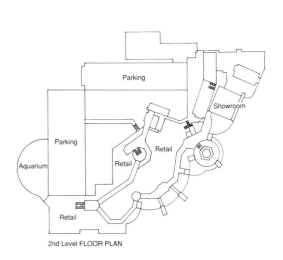

2nd Level FLOOR PLAN

発展するラスベガスの景観に彩りを添える「ストラトスフィア・タワー」とそのホテル＆カジノが，1996年4月に完成，オープンした。「ベガス・ワールドホテル」の跡地に5億5,000万ドルの巨費を投じたもので，1,500室のホテルとカジノ，それに345メートルの白いタワー棟からなる。支柱のないタワーとしては全米一の高さを誇り，ミシシッピ以西では最高の，135階建てに匹敵する建造物である。

カジノのある1階の中央から，エスカレーターでショッピング街に出，パリ，香港，ニューヨークスタイルの街並みを回遊してタワーへの入り口に出る。

ここから分速1,800フィートの高速エレベーターでタワー頂部の建造物「ポッド」にアクセスされる。ここには展望台，レストラン，カフェラウンジ，物販店，チャペル等があり，夜はネオン街，昼はネバダ周辺の砂漠と山々の眺望を楽しむことができる。タワー上でのアトラクションのナンバーワンは「ビッグ・ショット」で，これは276メートルから324メートルの地点まで時速72キロで一気に噴出，重力で落下するというもの。一度に四方に4人ずつ16人が乗れ，プレスリーのビバ・ラスベガスの歌でエンディング，スリルは満点である。また，ここには世界一高いところを走るローラーコースター「ハイ・ローラー」があり，全長236メートルのトラックを走る。

なお，この「ポッド」の6階の「トップ・オブ・ザ・ワールド・レストラン」の客席フロアは1時間で1回転するので，ラスベガスの夜景を満喫しながらの食事もスポットとして見逃せないところである。

「ポッド」の6階に位置する展望レストラン「トップ・オブ・ザ・ワールド・レストラン」。床が1時間に1回転するので，全方向の眺望が楽しめる　"Top of the World Restaurant" on the tower-level 6

In April 1996, a growing Las Vegas site became more attractive with the completion of the **Stratosphere Tower**-- hotel and casino.
The $ 550,000,000 project was constructed on the former site of Vegas World. A 345-meter white tower offers 1,500 hotel rooms and a casino. Through the first floor where the casino is located, visitors can take escalators to get to the shopping mall. There, visitors will experience streets of Paris, Hong Kong, New York, etc., and the end of the tour, they reach the entrance of the Stratosphere Tower.
At the Stratosphere Tower, visitors will take high speed elevators, traveling at 1,800 feet/min to reach the top of the tower, the **Pod**. There, visitors will find an observatory, restaurants, cafes, stores, chapels, etc. Visitors will also enjoy the spectacular views of either Nevada desert and mountains or the night scenery of Las Vegas. The number one attraction at the Pod is the **Big Shot**. Passengers are launched at 72km/h from the 276-meter level straight up to the 324-meter level, and then suddenly left for gravity to bring them back down to the Pod. With Elvis Presley's Viva Las Vegas as back ground music, up to 16 passengers can enjoy this thrilling ride at once. Another terror ride is the world's highest roller coaster, the **High Roller**. It travels upon 236 meters of track around the outer circumference of the Pod.
The **Top of the World Restaurant** at the sixth floor of the Pod cannot be forgotten among the restaurants of Las Vegas. Once every hour, the restaurant revolves 360 degrees. So guests can enjoy spectacular night views of Las Vegas while they enjoy their meals.

「ポッド」8階のインドア展望台　Indoor observation deck on the tower-level 8

人気を集めている「ビッグ・ショット」の飛び出した瞬間 "Big Shot"

「ビッグ・ショット」は一辺に４人，一度に16人搭乗できる "Big Shot"

世界一高い場所を走るローラーコースター「ハイ・ローラー」"High Roller"

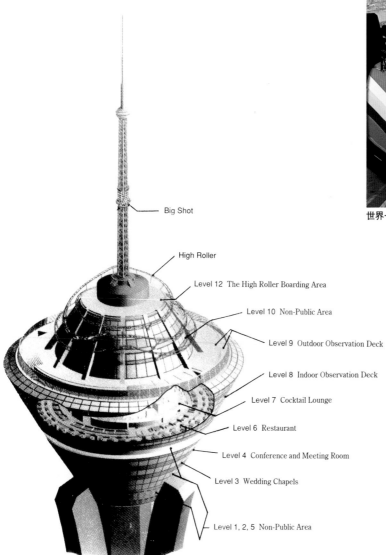

Big Shot

High Roller

Level 12 The High Roller Boarding Area

Level 10 Non-Public Area

Level 9 Outdoor Observation Deck

Level 8 Indoor Observation Deck

Level 7 Cocktail Lounge

Level 6 Restaurant

Level 4 Conference and Meeting Room

Level 3 Wedding Chapels

Level 1, 2, 5 Non-Public Area

Stratosphere Tower

「ポッド」夜景 Night view of the pod

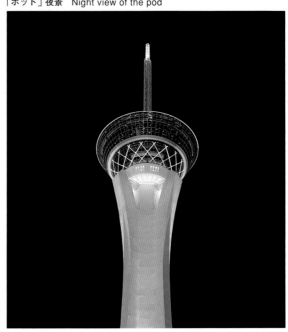

MONTE CARLO   RESORT&CASINO
モンテ・カルロ

3770 LAS VEGAS BOULEVARD SOUTH, LAS VEGAS NEVADA

入り口まわり夜景　Night view of the entrance

落ち着いた雰囲気を醸し出すファサード側面　Facade

カジノ中央ラウンジ前のコーナー　Casino

カジノ入り口側ビュッフェ前のコーナー　Casino

バーコーナー　Bar

レストラン「ホーディングス・ラウンジ」　Restaurant "Houdings Lounge"

「マーケット・シティ・カフェ」　"Market City Cafe"

ビア・レストラン「モンテ・カルロ・パブ＆ブルワリー」　Beer&Restaurant "Monte Carlo Pub&Brewery"

「モンテ・カルロ・パブ＆ブルワリー」の入り口まわり　"Monte Carlo Pub&Brewery"

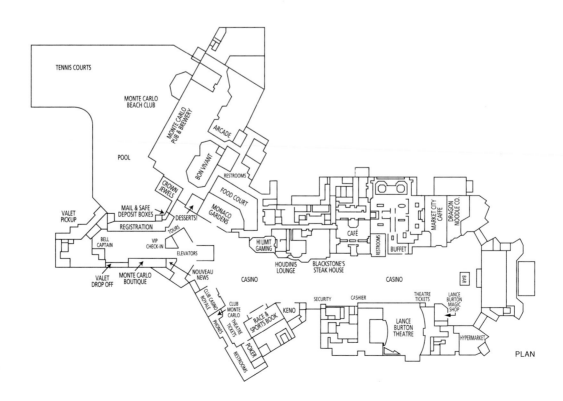

TENNIS COURTS

MONTE CARLO
BEACH CLUB

MONTE CARLO
PUB & BREWERY

ARCADE

POOL

BON VIVANT

RESTROOMS

CROWN
JEWELS

FOOD COURT

VALET
PICKUP

MAIL & SAFE
DEPOSIT BOXES

DESSERTS!

MONACO
GARDENS

MARKET CITY
CAFFE

DRAGON
NOODLE CO.

REGISTRATION

TOURS

BELL
CAPTAIN

VIP
CHECK-IN

ELEVATORS

HI LIMIT
GAMING

CAFÉ

BUFFET

RESTROOMS

VALET
DROP OFF

MONTE CARLO
BOUTIQUE

NOUVEAU
NEWS

HOUDINIS
LOUNGE

BLACKSTONE'S
STEAK HOUSE

CASINO

CASINO

BAR

CLUB CASINO
ROYALE

CLUB
MONTE
CARLO

RACE &
SPORTS BOOK

KENO

SECURITY

CASHIER

THEATRE
TICKETS

LANCE
BURTON
MAGIC SHOP

THEATRE
TICKETS

PHONES

LANCE
BURTON
THEATRE

HYPERMARKET

POKER

RESTROOMS

PLAN

「モンテ・カルロ」は「ニューヨーク・ニューヨーク」と現在建設中の「ベラジオ」の中間に位置し，17haの敷地にミラージュ・リゾート社とサーカス・サーカス・エンタープライズが3億4,400万ドルを共同出資し1996年6月に完成した32階建て，3,014室のホテルである。
モナコを模したイタリア・ルネッサンス風の建築と豊富な大理石のオブジェを配した外観には，ヨーロッパの洒落た雰囲気が感じられ，ハイクラスのバケーション客をターゲットにしている。9,000m²のカジノフロアには2,214のスロットマシン，95のテーブルゲーム，550席のビンゴルーム等があり，随所にバーラウンジを設けている。また，700席のビュッフェをはじめとして六つのレストランと210席のフードコートも同フロアに隣接しており，余裕あるスペース配分がうかがえる。
「モンテ・カルロ・パブ＆ブルワリー」は，同ホテルが誇るラスベガス最大のビール工場ともなっている。倉庫を改造したような天井の高いレストランのバーカウンターからは，ガラス越しにクラシックな銅製のビール醸造タンクが見通せ，六つの異なった味のビールを試すことができる。毎日，夜の9時からライブミュージックも楽しめる。
ほかに2,000m²のショップエリア，コンベンションセンター，屋外のプールやスパ等，付帯施設も充実している。

Monte Carlo is a $344,000,000 joint venture between Mirage Resort and Circus Circus Enterprises, and it was completed in June 1996. This 32-story tower, with 3,014 rooms hotel is located on 17ha. between **New York-New York** and **Bellagio** which is now under construction.
Based upon a hotel and casino in Monaco, the Italian Renaissance style architecture with plenty of marble creates a European atmosphere and offers the image of a high class resort. The 9,000 square-meter casino includes 2,214 slot machines, 95 game tables, a 550-seat bingo room and the number of bars. Moreover, there are six restaurants on the same floor, including a 700-seat buffet, and a 210-seat food court.
Monte Carlo Pub and Brewery the largest brewery in Las Vegas, is the pride of this hotel. In a warehouse-like building with high ceilings, from the bar guests can see a classical copper brewing tank through glass walls from the bar. Guests can taste six different kinds of beer, and they can also enjoy live music performances every day at 9:00pm.
Monte Carlo also offers shopping areas, a convention center, an outdoor pool and spa, and much more.

上・下／入り口まわりに配された大理石の彫像　Top, bottom／Sculptures at the entrance

ザ・ストリップ（ラスベガス・ブルバード）側から見た全景
View of the facade from the Las Vegas Boulevard

■カラフルな光円柱によってアプローチされる老舗のホテル＆カジノ ■■■

BALLY'S   LAS VEGAS
バリーズ

3645 LAS VEGAS BOULEVARD SOUTH, LAS VEGAS NEVADA

入り口正面の「バリーズプラザ」。"動く歩道"によりカジノ内へとアプローチされる　Entrance

上・左ページ2点／刻々色が変化するアプローチまわりの円柱　Entrance approach

"動く歩道"と光円柱　Passage to the casino

フランス料理「シーズンズ」　French restaurant "Seasons"

カジノフロアにある「バリーズ・ステーキハウス」　"Bally's Steakhouse"

◀メーンカジノに面した「テラス・サロン」。軽食が取れる　"Terrace Salon" at main casino

プール。右は「MGMグランド」へのモノレール乗り場　Pool

カジノの一角　Casino

1973年にオープンした「バリーズ」は，1990年代に入って5年がかりのリニューアル計画に着手。パブリックスペースのリハビリテーションを含めて，26階建て，2,814室のモダンなホテルに変身した。

22階にある「バリーズ22クラブ（BALLY'S 22nd. CLUB）」はギャンブラーの快適性を追求した，絵のように美しいファーストクラスのラウンジである。

1994年には1,450万ドルをかけ，ストリップ大通り側の歩行者に便宜を与える「バリーズプラザ」が完成した。これはトンネル形式のエスカレーターによるトランスポートコンプレックスで，夜になるとドラマチックな水とサウンド，それにカラフルなライトショーが始まり，ポールの色は赤，青，緑と変化を見せ，ラスベガスの光の華やかさにプラスしたアート感覚が歩行者の目を楽しませてくれる。

また，2,500万ドルをかけた「MGMグランド」とを結ぶモノレールも完成。これは，両ホテルをお互いに連絡し，しかも無料でサービスするという画期的なシステムである。

さらに敷地の隣では現在，エッフェル塔をレプリカしたリゾートホテル「パリス（PARIS／2,500室）」も建設中で，ラスベガスで最もエキサイティングなフラミンゴ通りとトロピカーナ通りがモノレールシステムで結ばれることになり，やがてはマッカラン空港への延長も計画されている。

What is now **Bally's**, was the MGM Grand, which first opened in 1973. In the 90s, a five year renewal project took place including a public space renovation. As a result, the 26-floor tower hotel with 2,814 rooms was transformed into a more modern facility.

A beautiful picture like first class lounge called **Bally's 22nd club** is located on the 22nd floor of the hotel. The club was established in order to serve the gambler's comforts.

In 1994, a $14,500,000 project, Bally's Plaza, was completed on the Strip. Bally's Plaza is a combination "tunnel" and moving pedestrian crosswalk. But this is not merely transportation. After dark, the inside walls are illuminated and change colors while dramatic water and sound effects start; pedestrians are sure to be entertained by a touch of art and Las Vegas style lighting effects. Moreover, a $25 million monorail travels the one mile distance between Bally's and the new MGM Grand. This epoch-making transportation system is free of charge.

An Eiffel tower shaped resort hotel **Paris**, with 2,500 rooms, is currently under construction next to Bally's. In the future, the monorail will link Flamingo Road and Tropicana, which are the most exciting streets in Las Vegas, and is also going to extend to McCarran International Airport.

スイートルームのリビング　Suite room

スイートルームのバスルーム　Suite room

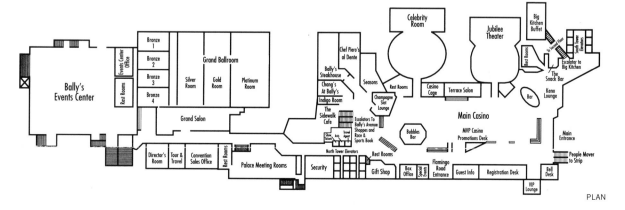

PLAN

RIVIERA　HOTEL＆CASINO
リビエラ

2901 LAS VEGAS BOULEVARD SOUTH, LAS VEGAS NEVADA

カジノ側ファサード。手前は地下駐車場への車路　Facade

◀ラスベガスのネオン全部を凝縮したかのような円筒形のファサード。円筒状部分の1階にはフードコートがある
Night view of the facade

「スプラッシュ・バー」　"Splash Bar"

コンベンションセンター の入り口　Entrance of the Convention Center

「スプラッシュ・シアター」よりカジノを見る　Casino

フロントデスク　Front Desk

ラスベガスの街並みが一望できる最上級のスイートルームのリビング　Suite room

スイートルームの寝室　Suite room

スイートルームのリビング。写真左下と同じ部屋　Suite room

スイートルーム階の通路　Passage to the suite rooms

「ル・ビストロ・バー＆ショー・ラウンジ」よりカジノを見る　Casino

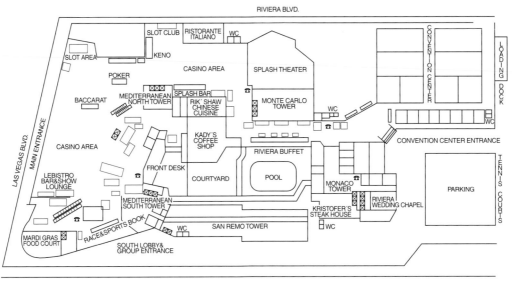

RIVIERA BLVD.

LOADING DOCK

CONVENTION CENTER

SLOT CLUB
RISTORANTE ITALIANO
WC

SLOT AREA
KENO

POKER

CASINO AREA

SPLASH THEATER

BACCARAT

MEDITERRANEAN NORTH TOWER
SPLASH BAR
RIK' SHAW CHINESE CUISINE

MONTE CARLO TOWER

WC

CONVENTION CENTER ENTRANCE

MAIN ENTRANCE

LAS VEGAS BLVD.

CASINO AREA

KADY'S COFFEE SHOP

RIVIERA BUFFET

FRONT DESK

COURTYARD

POOL

LEBISTRO BAR&SHOW LOUNGE

MEDITERRANEAN SOUTH TOWER

MONACO TOWER

RIVIERA WEDDING CHAPEL

PARKING

TENNIS COURTS

KRISTOFER'S STEAK HOUSE

MARDI GRAS FOOD COURT
RACE&SPORTS BOOK
WC
SAN REMO TOWER
WC

SOUTH LOBBY& GROUP ENTRANCE

PLAN

48

「ル・ビストロ・バー＆ショー・ラウンジ」 "Le Bistro Bar&Show Lounge"

「リビエラ」は「ラスベガス・コンベンションセンター」から1ブロック離れた位置にあり，ザ・ストリップ（ラスベガス・ブルバード）に面した幅300mのフロントを有している。

1955年に創業して以来，60年～70年代にかけ，アメリカを代表する多数のエンターテイナーとともにホテル「リビエラ」のキャラクターを確立。現在ではラスベガスの"エンターテインメント・センター"と称されるほどである。

1985年，ジェフ・クタッシュによってプロデュースされた「スプラッシュ・シアター」は，毎日夜2回のトップアーチストによるハイテクを駆使したミュージックとショーで人気を得ている。ラスベガスで最も人気のあるトップレス・レビュー「クレイジー・ガールズ」も見ものの一つである。

1988年には24階建て，2,100室の「モナコタワー」が完成。1990年にはカジノスペースも10,000㎡に増・改築され，カジノ面積としては世界最大級の一つにランクされている。

会議場「リビエラ・コンベンションセンター」は，グランドボールルーム，ペントハウスのボールルーム等，トータルで10,000㎡に及び，会議場スペースとしてはラスベガスでトップ3にランクされ，ビジネスマンの顧客の75%はリピーターという高率をマークしている。

The Riviera is located one block away from the **Las Vegas Convention Center** on the Strip (Las Vegas Boulevard). The Riviera opened in 1955, with a 300-meter wide main entrance. During the 60s and 70s, many shows took place in this hotel, and since then the Riviera is known as the "Entertainment center" in Las Vegas.

The high-tech musical show **Splash Theater** produced by Jeff Kutash in 1985 is performed twice a day in the evening. The topless revue **Crazy Girls** is the most popular show in Las Vegas which one surely cannot miss.

A 24-story tower, with 2,100 rooms **The Monaco Tower** was completed in 1988. The additional construction in 1990 made the hotel casino as one of the largest casinos in the world. The 10,000-square-meter **Riviera Convention Center** includes grand ballrooms and a penthouse ballrooms. The center is ranked among the top three in Las Vegas. According to the hotel, 75% of the businessmen will come back.

ワインの試飲もできる「ネバダ・ワイン・カンパニー」 "Nevada Wine Company"

EXCALIBUR　HOTEL/CASINO
エクスキャリバー

3850 LAS VEGAS BOULEVARD SOUTH, LAS VEGAS NEVADA

「お城」の尖塔部ディテール　Steeple of the castle

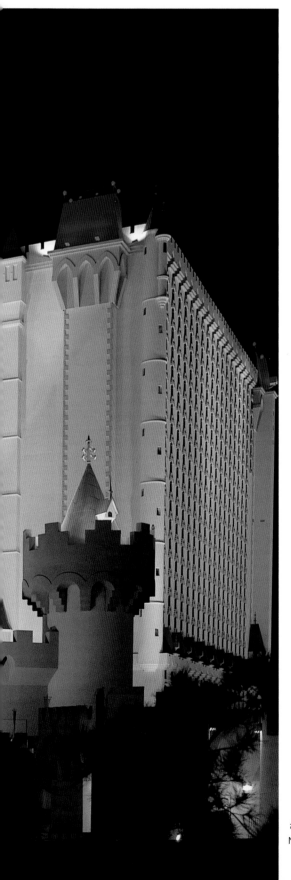

さまざまなデザインのホテル＆カジノがあるラスベガスでも，ひときわ目立つファサード
Night view of the facade

▲カジノ中央部　Casino

▼フロントエントランス　Front Entrance

▲フロントエントランス側の階段部吹き抜け方向を見る　View to the stairwell

▼タワー2・エレベーター側のカジノ　Casino in front of tower 2 elevators

ゲスト・レジストレーション　Guest Registration

24時間営業の2階「シャーウッド・フォーレスト・カフェ」　"Sherwood Forest Cafe"　　　　　　　フロントエントランス側の地階への階段部吹き抜け　Stairwell▶

毎晩1時間ごとに演じられるドラゴンと魔法使いマリーンのショー　Fight show by dragon and magician runs hourly after dark

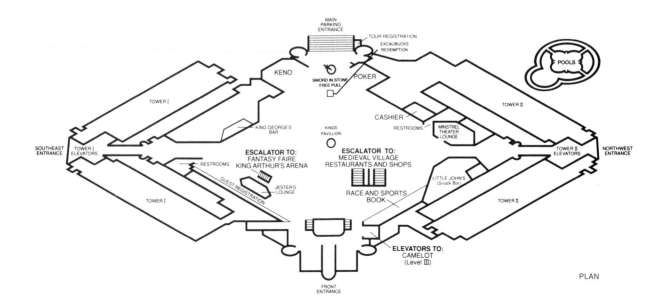

PLAN

上・下／スイートルームのベッドルームとリビング
Top,bottom／Suite room

白い2棟のタワービルに囲まれ，中央には赤，青，金色の尖塔がある中世の城を模した「エクスキャリバー」は，夜になるとライトアップされ，人々を童話の世界へと誘う。1990年オープン当時は，28階建て，4,032室の世界最大のホテルとしてデビューしたのであるが，その座を1993年，近くにできた「MGMグランド」に譲っている。ホテルのデザインはアーサー王とその伝説をテーマに空間づくりされ，子供から大人まで楽しめるフ

ァミリー客向けのリゾートホテルとして人気が高い。
1階は9,000m²もあるカジノで，2階のアミューズメントフロアでは各種ゲーム，シミュレーションライドがあり，ジャグラー（曲芸師）等によるパフォーマンスも子供たちの人気の的になっている。カフェ，レストラン，ショップ等もこのフロアに集まっている。地下の900席あるアリーナでは，毎夕6時と8時半に中世の騎馬戦を観

戦するディナーショー「アーサー王のトーナメント」が上演されている。
また，道路をはさんで反対側の「ニューヨーク・ニューヨーク」，「トロピカーナ」の各ホテルからブリッジでアプローチされる中央フロントの濠では，15mもある火を吹くドラゴンと魔法使いマリーンのショーが毎夕6時半から夜中の1時まで毎時間ごとに演じられ，マリーンがドラゴンを退治すると観客から大喝采を受ける。

Excalibur is a medieval style castle with a number of red, blue, and gold steeples and two white towering hotels on both sides. When Excalibur is illuminated at night, it invites guests to a world of fairy tales. When the 28-story hotel with 4,032 rooms opened in 1990, it was claimed honors as the world's largest hotel, but in 1993 the MGM Grand took its place. The theme of Excalibur is King Arthur and his legend. As a family resort hotel, Excalibur is the place for adults and chil-

dren of all ages.
The 9,000 square-meter casino is located on the first floor. The second level amusement floor offers various types of games, simulation rides, juggler's performances, etc. The place is very popular among children. This floor also includes cafes, restaurants, and stores. On the lower level, a 900-seat arena offers a horse-riding tournament dinner show called **King Arthur's Tournament** at 6:00pm and 8:30pm.

Across the street, at the center of a moat, which links New York-New York and the Tropicana, the magician Marlin and a dragon (who spouts a 15-meter long flame) perform every night from 6:30pm to 1:00am every 60 min. Each time Marlin knocks the dragon down, a storm of applause roars from the spectators.

■アトラクションも楽しめるエンターテインメント型ショッピングモール

THE FORUM SHOPS AT CAESARS
ザ・フォーラム・ショップス・アット・シーザース

3500 LAS VEGAS BOULEVARD SOUTH, LAS VEGAS NEVADA

「ファウンテン・オブ・ザ・ゴッズ」　"Fountain of the Gods"

通路。左は「プラネット・ハリウッド」(143ページ参照)　Shopping promenade

「ファウンテン・オブ・ザ・ゴッズ」全景　"Fountain of the Gods"

「ファウンテン・オブ・ザ・ゴッズ」に面したブティック「プラザ・エスカーダ」。地中海の空を再現した天井は朝，昼，夜と変化し，1時間で一日の変化が楽しめる
Women's apparel "Plaza Escada"

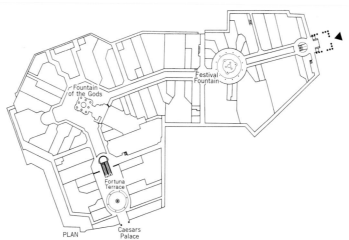

PLAN

「フォーチュナテラス」。奥は「シーザース・パレス」のカジノへ通じている　"Fortuna Terrace"

「フォーチュナテラス」に面した「キッズ・キャッスル」　Specialty shop "Kids Kastle"

「ワーナーブラザーズ・スタジオ・ストア」　"Warner Brothers Studio Store"

「クリスチャン・ディオール」　"Christian Dior"

「フェスティバル・ファウンテン」。朝10時から1時間ごとにローマ神話の神々の宴が公演される
"Festival Fountain"

古代ローマをテーマにしたショッピングモール「ザ・フォーラム・ショップス・アット・シーザース」が，1992年5月にオープンした。L字形のワンフロアのリース面積は22,300m²で，ショップ，レストラン等，72のテナントスペースがある。

ザ・ストリップに面したエントランスには，金箔の四頭だての馬車の彫像とスフィンクスを両サイドに配した古代ローマ風のゲートがあり，そこを通ってエスカレーターでモール内へとエスコートされる。ドーム状の天井には空と雲がペイントされ，照明操作によって毎時間ごとに朝，昼，夜と刻々変化する情景を演出している。入り口付近には「フェスティバル・ファウンテン」があり，噴水の中央にはバッカスの神の彫像が鎮座し，アポロ，ヴィーナス，プルートスの神々が取り囲むように配されている。ここでは，オーディオ・アニメトロニックの技術を駆使し，バッカスの神のスピーチに始まるレーザーショーを取り入れた10分間のパフォーマンスが毎時間ごとに行われ，大変な人気を博している。

中央部の「ファウンテン・オブ・ザ・ゴッズ」は，高さ16メートル，直径55メートルの大きさで，噴水と白大理石の彫刻は豪華そのもの。取り囲むショップのファサードも古代ローマの落ち着いた雰囲気を醸し出している。

そこから，フォーチュナテラスへとモールは延び，「シーザース・パレス」のカジノへ連絡している。エンターテインメント的要素の高い，この「ザ・フォーラム・ショップス」は「米国で最も成功したショッピングモール」と評価されている。

A great shopping mall the **Forum Shops at Caesars** opened in May 1992. It attempts to conjure up an ancient Roman atmosphere. The "L" shaped 22,300 square meter mall offers 72 rental spaces to stores, restaurants, etc. The entrance of the mall faces the Strip, and a gold-plated carriage of four and the Sphinx are arranged on each side of the ancient Roman gate which is located at the entrance. From there, escalators lead visitors up to the shopping mall.

The mall's painted domed ceiling is a simulation of the blue heavens, and every hour lighting effects creates twenty-four hour changes in the sky from day and night.

The **Festival Fountain** is located near the entrance of the shopping mall. One can recognize Bacchus sits in the center of the fountain surrounded by the Roman Gods, like Apollo, Venus, and Plutus. Here, the audio high-tech is employed for the 10 minute laser show. Bacchus starts the show, and it is performed every hour. This laser show is gaining great public favor indeed.

The 16-meter height and the 55-meter diameter **Fountain of the Gods** is a combination of white marble like statues and the fountain itself that may be truly be summed up in a single word "magnificent." Moreover, each storefront helps to provide an impression of the ancient Roman tranquillity.

From the fountain, the mall extends to Fortuna Terrace, and it connects to the Caesar's Palace casino.

This highly entertaining facility has been rated the most successful shopping mall in the U.S.

■効果音とシンクロされた映像を映し出す集客装置としてのアーケード

夕方から毎時ごと約6分間，アーケード天井で繰り広げられる音と光のパフォーマンス
Six-minute show runs hourly after dark

■効果音とシンクロされた映像を映し出す集客装置としてのアーケード ■■■■■■

FREMONT STREET EXPERIENCE
フリーモント・ストリート・エクスペリエンス

EAST FREMONT STREET, LAS VEGAS NEVADA

ショーの様子
The fascinating light and sound show

フリーモント・ストリートは1905年から開発が始まった，ラスベガスの往年の繁華街である。しかし近年は，観光客を大型エンターテインメントホテルが集まるザ・ストリップに奪われる格好で，凋落の一途をたどっていたことは否定できない事実であった。そこで21世紀に向けた新たなダウンタウン活性化の動きが芽生え，まず10のホテル，カジノからなる「フリーモント・ストリート・エクスペリエンス・カンパニー」が1993年に設立された。それに市議会および観光協会が加わり公私のパートナーシップができ，7,000万ドルを投じたフリーモント・ストリートの整備計画がスタートすることとなった。

アーケードは全長約420m，高さ27m。通気性を考慮したメタル製のキャノピーは16本の列柱で支えられている。このグラフィカルなフレームには210万個の電球が取り付けられ，208個のスピーカーは最高54万ワットのサウンド出力を可能にしている。そしてコンピューター操作により効果音とシンクロされた映像が表現されるシステムである。

全部で180のプログラムがあり，フレーム内の電球は自由自在，スピーディーに300色の色彩表現をする能力を有する。夕方になるとアーケードにはショーを見ようと大勢の観光客が集まり，上を仰ぎながら待ち，やがて周囲のカジノのネオンサインが消え，「エクスペリエンス」のタイトルをリードする怪鳥の飛ぶシーンでショーがスタートする。神秘的な森，野鳥，ジェット機，美女たちの劇的な映像が次から次へと繰り広げられ，魅惑的な音と光のパフォーマンスは6分ほどで終わる。

Fremont Street was originally developed around 1905. Once it was quite busy, but today the presence of the large entertainment type hotels on the Strip took its place. As a result, Fremont Street rapidly lost its popularity. In 1993, Fremont Street Experience Company, which includes ten hotels and casinos was established in order to re-develop the quarters. The $70 million project began under private and public partnerships. A 420-meter long, 27-meter tall arcade includes a metallic canopy, which is supported by 16 pillars. 2.1 million bulbs were installed on the canopy. Also 208 speakers are capable of producing a maximum 540,000-watts. The computer operated system produces sound effects in the arcade and images on the canopy at the same time.

There are 180 computer programs, and the 2.1 million bulbs are able to create over 300 color combinations. At night, many tourists gather to watch the show. When the lights of the surrounding casinos are turned off, the show begins with the appearance of the title "Experience" led by a monstrous bird. Mysterious forests, wild birds, jets, and beautiful girls' images appear on the ceiling. The fascinating light and sound show runs about six minutes.

◀ショーの様子
The fascinating light and sound show

アーケード通路は歩行者専用道路となっており，みやげもの屋のブースやベンチ，植栽などがところどころに設置されている　Kiosk

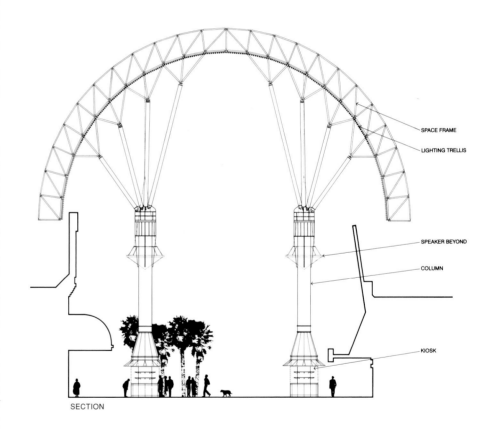

SPACE FRAME

LIGHTING TRELLIS

SPEAKER BEYOND

COLUMN

KIOSK

SECTION

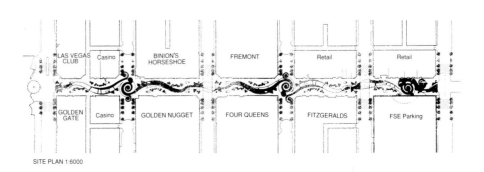

LAS VEGAS CLUB | Casino | BINION'S HORSESHOE | FREMONT | Retail | Retail

GOLDEN GATE | Casino | GOLDEN NUGGET | FOUR QUEENS | FITZGERALDS | FSE Parking

SITE PLAN 1:6000

ドーム中央部を見上げる　The top of the dome

CIRCUS CIRCUS　HOTEL/CASINO
サーカス・サーカス

2880 LAS VEGAS BOULEVARD SOUTH, LAS VEGAS NEVADA

◀「グランド・スラムキャニオン・テーマパーク」の「リム・ランナー」
"Rim Runner" at "Grand Slam Canyon Theme Park"

ドーム内を縦横に走る「キャニオン・ブラスター」　"Canyon Blaster"

「キャニオン・ブラスター」乗り場への通路　Passage to "Canyon Blaster"

観覧車　Drifters

恐竜のわきをループしながら「キャニオン・ブラスター」は走る
"Canyon Blaster" runs alongside the dinosaur

ホテルロビー天井見上げ　Hotel Lobby

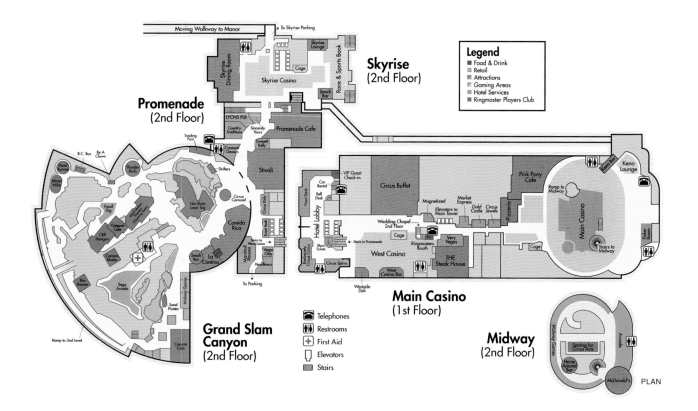

Moving Walkway to Manor

To Skyrise Parking

Skyrise Dining Room

Skyrise Lounge

Skyrise Casino

Cage

Race & Sports Book

Skyrise
(2nd Floor)

Snack Bar

Legend
■ Food & Drink
▨ Retail
▤ Attractions
▥ Gaming Areas
▦ Hotel Services
■ Ringmaster Players Club

Promenade
(2nd Floor)

LYCNS PLB

Country Traditions

Sincerely Yours

Promenade Cafe

Trading Post

Carousel Classics

Emmett Kelly

Be A Clown

B.C. Bus

Thunder Birds

Road Runner

Miner Mike

Stivali

Drifters

Circus Carousel

Hot Shots Laser Tag

Fossil Dig

Outpost Cafe

Cliff Hangers

Circus Kids

Comida Rica

Snack Bar

Canyon Blaster

La Cantina

Stairs to West Casino

Rim Runner

Sega Arcade

Sand Pirates

Marshall Brossel

Midway Games

Vegas Vids

Headliners

Canyon Cars

To Parking

Ramp to 2nd Level

Grand Slam Canyon
(2nd Floor)

VIP Guest Check-in

Car Rental

Front Desk

Bell Desk

Hotel Lobby

Circus Buffet

Magnetized

Elevators to Main Tower

Market Express

Gold Castle

Circus Jewels

Pizzeria

Pink Pony Cafe

Ramp to Midway

Keno Bar

Keno Lounge

Main Casino

Wedding Chapel 2nd Floor

Cage

Ringmasters Booth

Very Vegas

Exclusively Circus Circus

Show Tickets

West Casino

West Casino Bar

THE Steak House

Westside Deli

Circus Spirits

Cage

Poker Room

Stairs to Midway

Main Casino
(1st Floor)

📞 Telephones
🚻 Restrooms
✚ First Aid
🚪 Elevators
🪜 Stairs

Midway
(2nd Floor)

Midway Games

Seating for Circus Acts

Arcade

Horse Around Bar

McDonald's

PLAN

「サーカス・サーカス」は1968年にオープンしたホテル＆カジノである。現在，サーカス・サーカス・エンタープライズがオーナーとしてオペレートしている，アメリカ国内の18の施設のうち，最初にできた旗艦的存在である。

カジノに加え，伝統的フォルムのサーカス・アリーナは面積約10,800m²，高さが30mあり，常設のサーカス場としては世界最大を誇り，午前11時から真夜中まで無料でサーカスを見ることができる。

ホテル施設は15階建てのサーカス・アリーナとカジノからなるサーカス・タワーズ，29階建てのサーカス・スカイライズ，それに1996年12月にオープンしたサーカス・ウエスト・タワーからなり，全3,746室である。

1993年にオープンした「グランド・スラムキャニオン・テーマパーク」は，ラスベガス初の屋内型アミューズメントパークで5エーカーの広さを持ち，ピンク色のガラス張りのドームに覆われている。紫外線は完全に遮断され，園内には365日，コントロールされた自然光が注がれていて快適である。内部には子供をターゲットとした数多くのアトラクションがある。グランドキャニオンを模した岩と滝や鍾乳洞の中を2回転するローラーコースター「キャニオン・ブラスター」は時速55kmのスピードで走る。また，サボテンのある植物園や洞穴を通る「リム・ランナー」には，途中に60フィートの落差の滝があり，スリルに満ちたアトラクションとして大人から子供まで楽しめ人気の的である。

開園以来，600万人以上の入園者を記録し，この夏には「IMAX・シアター」ができる予定で，ファミリー向けアミューズメント施設としての人気は高まる一方である。

Circus Circus, the first hotel and casino managed by Circus Circus Enterprises and opened in 1968. Among the eighteen Circus Circus facilities, Circus Circus can be acknowledged as their chief figure.
A 10,800-square-meter, a 30-meter tall traditional circus area includes the casino space. It is the world's largest circus arena. A circus is performed from 11:00AM to midnight, and is free of charge.
The entire hotel consists of the 15-story **Circus Towers**, which includes a casino and a circus arena, a 29-story tower called **Circus Skyrise**, and **Circus West Tower** which opened in December 1996, which offers 3,746 rooms.
A 5-acre indoor amusement park **Grand Slam Canyon** opened in 1993 as Las Vegas' first indoor park. The park is covered by a pink glass dome, and because the dome completely shuts off ultraviolet rays, inside the park is comfortable throughout the year. There are many attractions for children in the park. A double-looping roller coaster Canyon Blaster travels at 55 km/h in "Grand Canyon". **Rim Runner** runs the circumference of a botanical garden and a cave. The ride includes a 60-foot waterfall drop. This thrilling attraction is gaining popularity among adults and children.
Since its opening, Grand Slam Canyon records more than 6,000,000 visitors. With a coming theater, **IMAX Theater's** completion in this summer, this family type of amusement park will be more popular than ever.

「グランド・スラムキャニオン・テーマパーク」の前にある子供衣料・雑貨「サーカス・キッズ」
"Circus Kids"

ウエスタンスタイルの衣料・雑貨「カントリー・トラディションズ」
"Country Traditions"

ファサード夜景　Night view of the facade

■屋外型テーマパークを取り入れた世界最大級のホテル＆カジノ

MGM GRAND HOTEL　CASINO&THEME PARK
MGMグランド

3799 LAS VEGAS BOULEVARD SOUTH, LAS VEGAS NEVADA

全景。ザ・ストリップをはさんで「ニューヨーク・ニューヨーク」の正面に建つ　Whole view

「MGMグランド」をもっとも特徴づけている大きなライオンの像。この像の下が入り口になっている
Entrance

「オーバー・ザ・エッジ」の乗り場　Landing stage of "Over the Edge"

◀「ＭＧＭグランドアドベンチャーズ」の「オーバー・ザ・エッジ」　　　　　　　　　　　　　　　「グランドキャニオン・ラピッズ」　"Grand Canyon Rapids"
"Over the Edge" at "MGM Grand Adventures"

「エレベイテッド・レイルロード」　"Elevated Railroad"

「カサブランカ・プラザ」　"Casablanca Plaza"

「ニューヨーク・ストリート」　"New York Street"

上／「MGMグランドアドベンチャーズ」の目玉アトラクション「スカイ・スクリーマー」
下／一度に３人がトライできる
Top,bottom／"Sky Screamer"

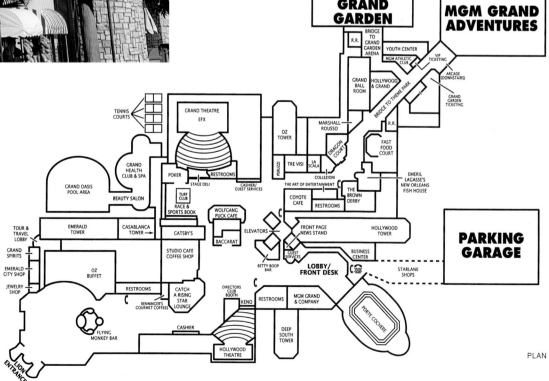

PLAN

「MGMグランド」のシンボルマークを床にあしらったホテルロビー　Hotel Lobby

「MGMグランド」は，30階建て，高さ85メートルのホテルタワーに751室のスイートを含むトータル5,005室，まさに"シティー・オブ・エンターテインメント"のフレーズにふさわしい世界最大級のホテルである。1993年，「トレジャーアイランド」，「ルクソール」と同時期に完成したこのホテルは，既存のカジノ，エンターテインメントに加え，テーマパークを設計に取り入れた，大人指向からファミリー指向へとこれまでのラスベガスのホテルのあり方をひるがえした，画期的なリゾートホテルだといえる。ザ・ストリップ側の角地にある，マスコットとしてのライオンは大きな口をあけゲーム場へとエスコートし，トロピカーナ通りに面した正面入り口のレセプションでは，8メートル，18メートルのビデオモニターを使ったビジュアルパネルが，フラッシュしながら顧客を迎え入れてくれる。

「MGMグランドアドベンチャーズ」は「カサブランカ・プラザ」に始まり，「ニューヨーク・ストリート」等八つの通りが連なり，それぞれに大人，子供向けの面白いアトラクションが並んでいる。

中でも現在人気があるのが，「ゴールド・ラッシュ・ジャンクション」にある「スカイ・スクリーマー」。これはスカイダイビングとハンググライダーをミックスしたもので，鉄骨のアーチに支えられたワイヤーに体をしばり付け，76メートルの位置にまで吊り上げ，4，3，2，1の秒読みで落とし，時速112kmのスピードで加速しながらアーチの反対側に向かって飛んでいく絶叫アトラクション。連日，若者たちの歓声でにぎわいを見せている。

The **MGM Grand** is the world's largest hotel which offers 5,005 rooms, including 751 suites in the 30-story high, 85-meter-high building. It is not too much to describe the MGM Grand as a "City of entertainment."

ホテルロビーの黄金のライオン像
Golden image of lion

Treasure Island, **Luxor**, and the MGM Grand were all completed in 1993. The existing casino and entertainment facilities within the MGM Grand were enhanced by a new theme park, which made this place an attraction for people of all ages. The MGM Grand challenged the conventional concepts of hotels in Las Vegas, and became an epoch-making resort hotel.

At one entrance to the MGM Grand is a huge statue of the MGM's mascot, a lion, which is located around the corner from the Strip. Beneath the lion's large gaping mouth, visitors and guests can enter into the casino. At the main entrance on Tropicana Avenue, a 8 x 18 meter panel flashes as if it receives guests and visitors.

MGM Grand Adventures consists of eight themed streets. Starting with **Casablanca Plaza**, through others like **New York Street** offer appealing attractions to both adults and children.

The **Sky Screamer** in **Gold Rush Junction** is a hot attraction in MGM Grand Adventures. The Sky Screamer is a combination of sky diving and hang gliding. A passenger is tied to a wire which is supported by an iron arch. Next, the passenger is lifted 76 meters above the ground. "4, 3, 2, 1, zero" the passenger pulls a cord to fall down at about 112 km/h, the passenger flies in the air to the other side of the arch. The Sky Screamer, as its name reveals, is full of the screams of young people day after day.

TREASURE ISLAND　AT THE MIRAGE
トレジャーアイランド

3300 LAS VEGAS BOULEVARD SOUTH, LAS VEGAS NEVADA

トレジャーアイランドのコンセプトを前面に押し出したかのような看板。ちなみに「TREASURE」とは宝，財宝を意味する　Signboard

ファサード。ショーの実演中には歩道まで人が鈴なりになる　Facade

上／海賊船ヒスパニョーラ号　下／ショーの様子
Top,bottom／The replica of the pirate ship "Hispaniola"

ショッピング街の通路　Shopping promenade

ショッピング街の通路をカジノより見る　Shopping promenade

「キャプテン・モーガンズ・ラウンジ」入り口前の天井を見上げる　The ceiling in front of "Captain Morgan's Lounge"

カフェ「キャプテン・モーガンズ・ラウンジ」　"Captain Morgan's Lounge"

ホテルロビー　Hotel Lobby

上・中・下／カジノの下がり壁にディスプレイされた海賊たちが略奪した宝
Top,middle,bottom／Treasures plundered by pirates

上・下／バッカニア湾を復元したホテルの入り口
Top,bottom／"Buccaneer Bay" in front of the hotel

「トレジャーアイランド」はミラージュ・リゾート社経営による，スティーブンソンの小説「宝島」をモチーフにしたアドベンチャー・リゾートの先駆的ホテルで，Ｙ字型の平面で36階建て2,900室の，ミドルクラスをターゲットにした本格派である。

ホテル内は18世紀の海賊時代をイメージしたインテリアで統一され，カジノやショッピング街の通路上には，海賊たちが略奪したエキゾチックな宝石や金，銀の財宝がディスプレイされているという心憎い演出がなされている。

「マティニーベイ・アドベンチャーセンター」では，子供向けにビデオゲーム，ピンボール等が置かれ，ショッピング・プロムナードにある「キャプテン・キッズ」では，おもちゃやぬいぐるみ，キャラクター商品が人気を集めている。

ホテルの正面には，18世紀のカリブ海の島や村を再現したバッカニア湾を模した水深20ｍの人造湖があり，実物大の英国艦ブリタニアと海賊船ヒスパニョーラ号が木のブリッジをはさんで対峙し，ここでは1日数回，大砲を撃ち合う実戦さながらのショーが繰り広げられる。このショーには30人のスタントマンが出演し，ミュージックと花火，砲火を交えるショーはブリタニアが沈没しドラマチックに終了する。

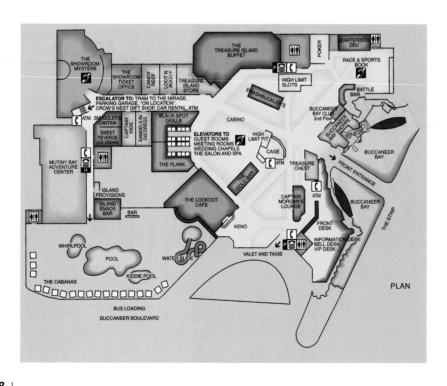

PLAN

Treasure Island is an adventurous type of resort hotel, which is modeled after Stevenson's novel Treasure Island. Owned by Mirage resorts, the 36-story tower with 2,900 rooms offers a middle class resort.

The concept of 18th century pirates was used for the interior design of the hotel, and the path to the casino and the shopping area are again, decorated by the pirate's spoils like exotic jewelry , gold and silver.

Mutiny Bay Adventure Center offers video games, pin-ball games, and other games for kids. **Captain Kids** is very popular among their guests. It carries toys, stuffed animals and memorabilia.

In front of the hotel, there is a 20-meter deep artificial lake called Buccaneer Bay. It is modeled after an 18th century Caribbean Island and village. Replicas of the British ship Britannia and the pirate's ship Hispaniola face to each other with a wooden bridge between them. Spectacular cannon battle shows are performed by 30 stunt men several times a day. Music, fireworks and cannon fire . . . when Britannia sinks into Buccaneer Bay, the show comes to its dramatic end.

■「南海の楽園」をテーマとした砂漠の中の "蜃気楼"
THE MIRAGE
ザ・ミラージュ

3400 LAS VEGAS BOULEVARD SOUTH, LAS VEGAS NEVADA

砂漠の中の街であることを忘れさせてくれる前面の湖　Facade

夜になると15分おきに噴火する火山のアトラクション。ハワイの火山がモデル　Volcano

デザインコンセプトである「南海の楽園」を象徴する，入り口からカジノへアプローチするアトリウム　Atrium

アトリウムはドーム状になっており，その高さは27mある　Atrium

入り口を入ってすぐのロビー　Entrance Lobby

カジノから「リストランテ・リバ」へ導く通路　Passage

▲「ザ・ミラージュ・コレクション」から「リストランテ・リバ」の壁面を見る　The wall of "Ristorante Riva"

▼「リストランテ・リバ」の壁面　The wall of "Ristorante Riva"

大型水槽をバックに構えるホテルレジストレーション　Hotel Registration

ショッピング街通路　Shopping promenade

ホテルロビー　Hotel Lobby

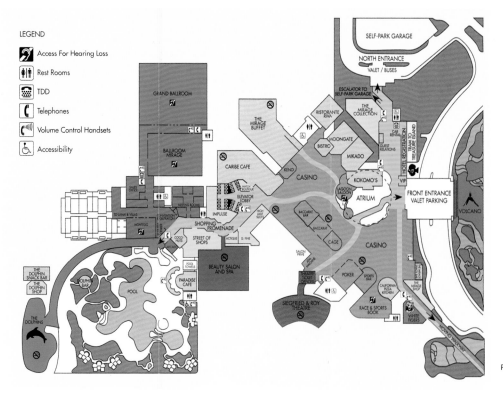

LEGEND

 Access For Hearing Loss

 Rest Rooms

 TDD

 Telephones

 Volume Control Handsets

 Accessibility

PLAN

ホテル全景。「MIRAGE」とは蜃気楼の意味。ホテルのガラス面に映る建物の影は砂漠の街の蜃気楼？　Facade

「南洋のトロピカルなオアシス」をコンセプトにした「ザ・ミラージュ」は，白と金色の水平なミラーバンドをファサードにした30階建てのホテルで，よく目立つ存在である。

ザ・ストリップ側には湖が作られ，16mある火山からは滝が流れ，ヤシの木が南国ムードを醸し出し，木々や草花が生い茂るガーデンに囲まれた遊歩道がホテルへとエスコートしている。

エントランスには高さが27mのアトリウムがある。これはバナナやヤシの木，滝や池のあるトロピカルガーデンで，レストランがその周囲に配されている。カジノエリアはポリネシア風にデザインされている。レジストレーションの背後には20,000ガロンの塩水入りの大型水槽があり，サメをはじめ，多くの魚やサンゴ礁で海の生態を演出し，訪れた客にビジュアルな安らぎを与えてくれる。また，ジークフリード＆ロイのホワイトタイガーを使ったマジックショーやイルカのショーもあり，リゾート気分をさらに満喫できる。ラスベガスには無料で見られるショーやアトラクションは数多いが，このホテルの人工火山の噴火もユニークなもののひとつである。突然の爆音とともに火が上がり，滝の流れは止まり，やがて真っ赤な溶岩が流れ出て鎮まるというパフォーマンス。その迫力には誰もが圧倒される。なお，この噴火は15分おきに行われるが，天候に左右されることが多い。

火山に赤いランプが点滅しているときは中止のサインなのである。

With a "Tropical Oasis" is the hotel's theme, **The Mirage** has two 30-story towers horizontally striped in white and gold. Apparently, The Mirage is an eye-catching hotel. An artificial lake was created on the Strip side of the hotel, and from the 16-meter tall volcano, a waterfall is pouring down. Numerous palm trees help to create a tropical atmosphere, and a promenade between gardens lead guests to the hotel entrance.

The entrance includes a 27-meter tall indoor atrium. This is a tropical garden with banana, and palm trees, a waterfall and pond. Restaurants are located near the atrium, and casino areas are designed with a Polynesian style. Behind the hotel's registration desk, there is a large 20,000-gallon salt water aquarium with sharks and numerous fish, and a coral reef. This visual presentation provides a calming moment of mind to their guests. Furthermore, a show like **Siegfried and Roy's white tiger show** or a dolphin show enhance the resort's mood.

Many shows and attractions are free of charge in Las Vegas. The Mirage's volcanic show is no exception. With an explosive sound the volcano suddenly erupts, and the waterfall stops falling down. Then, a stream of lava starts to spurt. Everybody is overwhelmed by such an explosive scene. The show is usually performed every 15 minutes. Weather, however, influences day to day performances. When the red lamp on the volcano is flashing, that means there will be no performance.

中央のパーク全景　Atrium

■アトリウム内で繰り広げられる大自然のショー■

SAM'S TOWN　HOTEL＆GAMBLING HALL
サムズ・タウン

5111 BOULDER HIGHWAY, LAS VEGAS NEVADA

ファサード　Facade

上・中・下／カラーレーザーと滝のパフォーマンスのショー
Attraction at the atrium

◀パークを見下ろす　Overlooking the park

パークの野性動物のレプリカ　Atrium

レセプションわきよりカジノを見る　View of the casino from the atrium

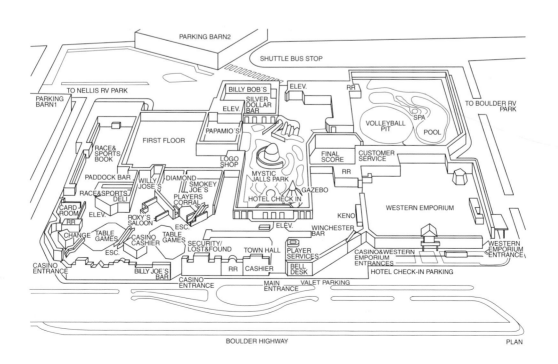

PARKING BARN2

SHUTTLE BUS STOP

TO NELLIS RV PARK

PARKING
BARN1

BILLY BOB'S

SILVER
DOLLAR
BAR

ELEV.

ELEV.

RR

TO BOULDER RV
PARK

PAPAMIO'S

FIRST FLOOR

RACE&
SPORTS
BOOK

LOGO SHOP

VOLLEYBALL
PIT

SPA

POOL

PADDOCK BAR

WILLY
JOSE'S

DIAMOND

SMOKEY
JOE'S

FINAL
SCORE

CUSTOMER
SERVICE

RACE&SPORTS
DELI

PLAYERS
CORRAL

MYSTIC
JALLS PARK

HOTEL CHECK IN

GAZEBO

CARD
ROOM

ELEV.

RR

ROXY'S
SALOON

ESC.

ELEV.

RR

KENO

WESTERN EMPORIUM

CHANGE

TABLE
GAMES

CASINO
CASHIER

TABLE
GAMES

WINCHESTER
BAR

ESC.

CASINO
ENTRANCE

SECURITY/
LOST&FOUND

TOWN HALL

PLAYER
SERVICES

CASINO&WESTERN
EMPORIUM
ENTRANCES

WESTERN
EMPORIUM
ENTRANCE

BILLY JOE'S BAR

RR

CASHIER

BELL
DESK

HOTEL CHECK-IN PARKING

CASINO
ENTRANCE

MAIN
ENTRANCE

VALET PARKING

BOULDER HIGHWAY

PLAN

「サムズ・タウン」はボールダーハイウエーとフラミンゴロードの交差する中心街に位置し，ザ・ストリップから東へ10キロの地点にある。1979年，204室の客室とカジノでオープンしたホテルである。以来何回かの拡張工事を経て，1994年に1億ドルを投じ，2,330m²の室内パークを囲むスイート33室，トロピカルルーム617室からなるホテル棟が完成，今日に至っている。

中央に位置するパークには樹木，草花が生い茂り，滝のある岩山には狼等の野性の動物たちが置かれていて，周囲の客室から見通せる設計である。ここで行われるレーザー光線によるミステリアスショーは訪れるギャンブラーへの無料サービスで人気の的となっている。一日4回，ショーが始まる2時，6時，8時，10時頃になると各ベランダはギャラリーたちで埋め尽くされ，わずか10分足らずのショーであるがひとときの安らぎを与えるかのようだ。

暗くなったガーデン内には，カラーレーザー光線がインディアナポリス・フィルハーモニックが演奏する特別サウンドにのって放射され，動物たちとミステリアスな滝のパフォーマンスが繰り広げられる。場内には100個以上のスピーカーが取り付けられ，生きた環境に加えて，鳥，動物たちの鳴き声にも迫力がパワーアップされクライマックスを演出する。

「サムズ・タウン」はメーンストリートから離れているため，顧客確保の必要性から無料のシャトルバスが，「スターダスト」，「MGMグランド」，「バリーズ」，「フリーモント」，「カリフォルニア」の各ホテルからそれぞれ毎時間ごとに出ている。

パーク奥にあるレセプション　Reception

Sam's Town is located at the point where Boulder Highway and Flamingo Road cross. It is 10 km east of the Strip.

The hotel opened in 1979 and offers 204 rooms and a casino. After several additional constructions, the $100,000,000 project began in 1994. Today, the hotel includes a 2,330-square-meter tower, with 617 tropical rooms, 33 suites, and an indoor atrium.

The atrium is located in the center of the hotel; therefore each guest is able to see the atrium from their individual room. The atrium features trees, flowers, rocky mountains, wild animals, and a waterfall. A popular mystery show is performed four times a day: 2:00PM, 6:00PM, 8:00PM and 10:00PM. This 10-minute laser show is free of charge. Every day just before the show, the place becomes full of the spectators.

When the light is turned off, colorful laser rays are emitted. Indianapolis Philharmonic's special sound is the background music, animals and mysterious waterfall performances begin. A combination of an animated environment and bird and animal's cries are stressed by the atrium's 100 speakers. A climax of the show is again enhanced by those speakers.

Because Sam's Town is located far from the main street, in order to obtain guests and visitors, the hotel offers free shuttle buses from each **Stardust, Bally's, Fremont**, and **California** hotel every hour to Sam's Town.

ブリッジよりカジノを見る　View of the casino from the atrium

RAMADA EXPRESS   HOTEL/CASINO
ラマダ・エキスプレス

2121 SOUTH CASINO DRIVE, LAUGHLIN NEVADA

ホテルのまわりを一周する「オールド・ナンバー7」のレプリカ　The replica of "Old Number 7"

鉄骨のアーチがむき出しという他のカジノではあまり見られない空間演出　Casino

「ザ・ステーキハウス」 "The Steakhouse"

「ザ・ステーキハウス」の個室 "The Steakhouse"

さまざまなイベントが開催される２階の「パビリオン」 "Pavilion"

１階「ホテル・レジストレーション」わきの「ファースト・クラス」 "First Class"

ホテル全景 Whole view of the hotel

1988年，1億8,000万ドルをかけて建設された「ラマダ・エキスプレス」は，19世紀のビクトリア時代の列車をメーンテーマにしたリゾートホテルである。

ラーフリンのギャンブル列車として，すでに人気を得ている"オールド・ナンバー７"のレプリカが，27エーカーの広いホテルのまわりを一周し，ネバダの古き良き開拓時代をノスタルジックに再現している。

ホテルの内部も徹底して列車をテーマにしたデザインを採用。「ダイニング・カー」（高級レストラン），カフェのインテリアからトイレに至るまで，当時の列車の窓の雰囲気をふんだんにスタイリングしている。また，メーンカジノのホールの天井は鉄骨を組んだアーチ形式で，他のギャンブル場では味わうことができない，一風変わった空間演出が試みられている。

こうしたノスタルジックなテーマとデザインにプラスして，ホテルでは「バック・トウ・ザ・フォーティーズ」のキャッチフレーズのもと，40年代の偉大なるアメリカを象徴するようなミュージックショー，写真展等が催され盛り上がりを見せ，全米各地からのシニアファンを魅了している。

屋外の駐車場にはミリタリージープ，軍用車両等が置かれ，スーブニールショップでも40年代のグッズにこだわった品揃えが好評を得ている。

The $180,000,000 project **Ramada Express** was constructed in 1988. The 19th century Victorian train theme is carried on throughout the hotel.

A replica of the **Old Number 7**, which is already known as Laughlin's gambling train, travels the circumference of the 27-acre hotel property. This train provides the people's nostalgia toward the old days of the new frontier, Nevada.

The same theme was exhaustively employed to decorate inside the hotel from the interior of the restaurants, for instance **Dining Car** (the first class restaurant), to a cafe or even the restrooms. The train's Victorian window treatments truly conjure up the old days. The casino's arched ceiling is built with iron frames. It brings a unique gambling space which no guest can experience besides the Ramada Express.

By offering such a nostalgic Victorian atmosphere with photographic exhibitions and music shows which represent a strong America in the 40s, Ramada Express is now very popular among senior citizens from all over the States.

There are military jeeps and other vehicles displayed in the outdoor parking lot, and the hotel's gift shops carry memorabilia of the 1940s' which are appeared to make a hit.

レストラン＆カフェ「ダイニング・カー」　Restaurant&cafe "Dining Car"

スイートルーム　Suite room

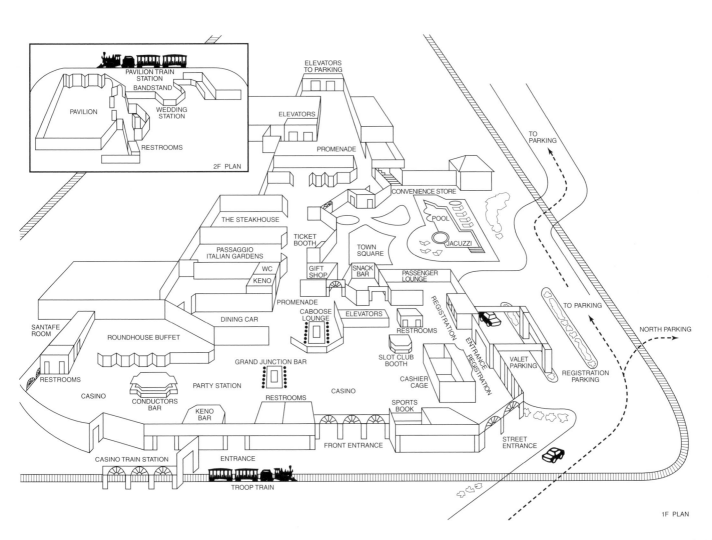

■内外装に船のイメージを徹底させた砂漠の中の"外輪船"

COLORADO BELLE　HOTEL&CASINO
コロラド・ベル

2100 SOUTH CASINO DRIVE, LAUGHLIN NEVADA

夕方から夜にかけては川面にネオンが映り，外輪船を模した外観と相まって川に浮かんでいるかのような錯覚を与える。左奥の白い建物は「ラマダ・エキスプレス」　Facade

今にも "出航" しそうな外輪のディテール　Paddle wheel

1階カジノフロア　Casino

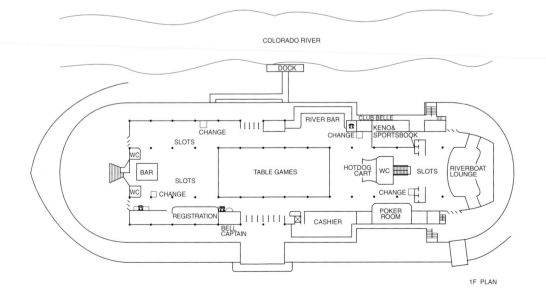

COLORADO RIVER

DOCK

RIVER BAR　CLUB BELLE

CHANGE　KENO&
SPORTSBOOK
CHANGE

CHANGE

SLOTS

WC

BAR

SLOTS

TABLE GAMES

HOTDOG
CART

WC

SLOTS

RIVERBOAT
LOUNGE

WC

CHANGE

CHANGE

REGISTRATION

BELL
CAPTAIN

CASHIER

POKER
ROOM

1F PLAN

カジノフロア　Casino

スロットマシンのコーナー　Playing the slots

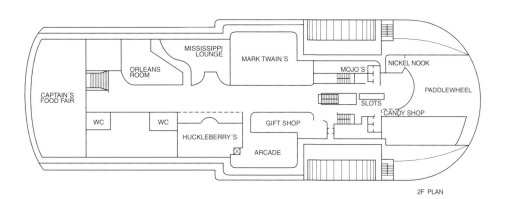

CAPTAIN'S FOOD FAIR

ORLEANS ROOM

MISSISSIPPI LOUNGE

MARK TWAIN'S

MOJO'S

NICKEL NOOK

PADDLEWHEEL

WC

WC

HUCKLEBERRY'S

GIFT SHOP

SLOTS

CANDY SHOP

ARCADE

2F PLAN

2階ビュッフェ「キャプテンズ・フード・フェア」 Buffet "Captain's Food Fair"

スイートルーム Suite room

ラーフリンは，ラスベガスから南へ150キロ余り，車だと1時間半のネバダ州とアリゾナ州境のコロラド川沿いにある，荒涼たる砂漠の中のオアシスである。10年前からリゾート地化が始まり，現在では，この本で紹介した「ラマダ・エキスプレス」等11軒が建ち並び，大自然をバックにしたカジノの街は観光客でにぎわっている。この「コロラド・ベル」はサーカス・サーカス・エンタープライズが1987年に建設した，ネバダスタイルのリゾートホテルである。ミシシッピ川のリバーボートをレプリカした全長185メートルもある19世紀の外輪船は，対岸から見ると実際に川辺に浮かんでいるかのようである。陽が稜線に落ちる頃，施設はライトアップされ，外輪はネオンで輝き初め，砂漠の街にいることを忘れさせてくれるような景観は鮮やかである。ホテルの1階はレセプションとカジノが占め，2階は24時間営業のビュッフェ「キャプテンズ・フード・フェア」をはじめ6カ所のレストランとスーブニールショップで占められ，どのレストランもリーズナブルなメニューを揃えているのが特徴。

また，川沿いには他のホテル＆カジノと共同設置したガラス張りのプロムナードがあり，コロラドの月明かりに照らされた遊歩道は，シニアコースとして全米各地からの観光客でにぎわい人気を得ている。ゴルフ，ボート，水上スキーのコースも人気があり，特にフィッシャーマンのために，ホテル宿泊とパックした"REELIN ON THE RIVER"の低価格でのアレンジは好評のようだ。ホテル・マスコットとしてのキャプテン・ベルの存在もよく知られている。

2階フランス料理「オルレアンズ・ルーム」　French restaurant "Orleans Room"

「オルレアンズ・ルーム」の奥の客席　French restaurant "Orleans Room"

Laughlin is located 150 km south of Las Vegas and takes about one-hour-and-a-half to drive from Las Vegas. Laughlin can be described as an oasis in the desert along the Colorado River between Nevada and Arizona.

It has been ten years since the town underwent substantial changes to become a new resort town. Today, there are eleven hotels **Golden Nugget Laughlin, Flamingo Hilton**, and **Ramada Express**, to name just a few. The town is made lively by visitors and tourists.

The Nevada style hotel, **Colorado Belle** opened in 1987 by Circus Circus Enterprises. A replica of a 19th century Mississippi river boat is 185 meters long. From the other side of the river, it appears as if a real boat is floating on the water. When the sun goes down over the mountains to the west, the boat is illuminated. The boat's big paddle-wheel is also lit up by neon. The lighting effects create quite an illusion, one that takes one's mind away from the isolation of the desert.

The hotel's first floor includes a reception area and casino. On the second floor, there are six restaurants and souvenir stores like **Captain's Food Fair** and **Mississippi Lounge**. A French restaurant, **Orleans Room** and other restaurants offer reasonable menus. By the Colorado River, there is a promenade created by the casino and hotel partnerships. As a walking course, the promenade is bustling with tourists, especially senior citizens from all over the States. When the promenade is lit up by the moonlight, it seems to truly attracts tourists. The hotel offers golfing, boating, and water a skiing course, and also a low cost attraction called **Reelin on the River** for people who love fishing. Each of them are well received so far by their guests. Also the hotel's mascot **Captain Belle** is cherished by their guests.

列車のプラットフォームよりローラーコースターを見る　The rollercoaster and platform

■19世紀の鉱山町の雰囲気を再現したテーマカジノ■

BUFFALO BILL'S　RESORT CASINO

バッファロー・ビルズ

I-15 AT THE CA/NV BORDER, NEVADA

ホテルの周囲約1,800mを縦横に走るローラーコースター　Rollercoaster

この「バッファロー・ビルズ」のオーナー，プリマドンナ・リゾート社は「ニューヨーク・ニューヨーク」（6ページ）のオーナーでもある（17ページのインタビュー参照）
Rollercoaster

建物を縫うように走るローラーコースター　Rollercoaster

列車の入り口よりカジノを見下ろす　Overlooking the casino

上・中・下／カジノのところどころにあしらわれた西部の開拓時代を想起させるミニチュア　Miniatures of the west pioneers

カジノ内を横断する「キャニオン・ライド」の通り道　Waterway of "Canyon Ride"

レジストレーションデスク　Registration Desk　　　　　　　　　　　　「キャニオン・ライド」の通り道にもミニチュアが　Waterway of "Canyon Ride" ▶

「ミス・アシュレイズ・ボーディング・ハウス・ビュッフェ」
"Miss Ashley's Boarding House Buffet"

ステートラインはラスベガスから国道15号線を南へ約30分，ネバダ州とカリフォルニア州境に位置する。この地ではプリマドンナ・リゾート社が開発したホテル＆カジノである「プリマドンナ」，「ウイスキー・ペッツ」，この「バッファロー・ビルズ」の三つがある。

ここは，かつて1950年代，ガソリンスタンドだけが存在する砂漠の中の不毛の地であったところであるが，夕方になると突如としてネオンが輝き，カジノタウンと化す。

ロビーまわりとカジノフォールの全域は，19世紀の鉱山町を当時の典型的な街並みで再現し，映画のセットを見ているような感じである。アトラクションとしては，キャニオンのフリュームライド，ゴーストタウンのシミュレーションシアターやアートアーケード等があり西部開拓時代の雰囲気を醸し出す。

アトラクションナンバーワンは野外の「デスペランド」と呼ばれる，ローラーコースターである。1996年のギネスブックでは，世界最高のローラーコースターとして登録されている。

全長5,843フィート（1,780m），リフトハイト209フィート（63m），ドロップが225フィート（68m）。スピードは時速最高150キロメートルにも達し，それにスピン回転しながら47mのドロップが加わり，2分43秒のラウンドはスリル満点に終わる。

ステートラインはロサンゼルスからラスベガスを目指す，ツーリストハイウエーの最初のゲーム（ギャンブル）のホットスポットであり，近郊はランド・ヨット・ローリングのメッカとしても有名なところ。ゴルフコース，ショッピングセンター，コンベンションセンターも計画されており，将来の発展が期待されている。

Stateline is a town which is located south of Las Vegas between Nevada and California. It takes about 30 minutes on Route 15 from Las Vegas. There are three hotels and casinos there that were developed by Primadonna resorts: **Primadonna, Whiskey Pete's**, and **Buffalo Bill's**.

In the 1950s, there was only a gas stand on that barren track of land but today, just after sunset, the town is illuminated and transforms to a casino town.

The entire lobby and casino are designed based on the typical 19th century mining town, which looks just like a movie set. Other attractions like a thrill ride, a simulation theater, an arcade, etc. also create images of the old days.

The number one attraction would be an outdoor roller coaster that is introduced as the world's best roller coaster in the 1996 Guinness Book of World Records.

A two-min-and-43-second ride runs with a maximum speed at 150 km/h on a 1,780-meter long and a 63-meter high track, including a 47-meter drop and several spins.

Stateline can be found on the Tourist Highway as the first gambling spot from Las Vegas. Its neighboring town is a hot vacation spot as well. Prospective construction to include a golf course, shopping mall and convention center will surely enhance the future of the town.

PLAN

LAS VEGAS
THEME
RESTAURANT

中央吹き抜け部の天井を見上げる　Looking up the ceiling

■オールド・ヒットナンバーのメモリーがちりばめられた "ライブハウス"

MOTOWN CAFE
モータウン・カフェ

New York-New York 3790 LAS VEGAS BOULEVARD SOUTH, LAS VEGAS NEVADA

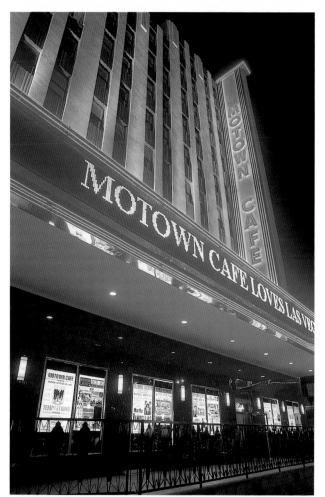

ザ・ストリップに面したファサード　Facade

「ニューヨーク・ニューヨーク」のカジノ内のファサード
Entrance at casino

ゴールドディスクが全面にちりばめられた2階客席の天井　Ceiling

客席の一部は深夜，ダンスホールに変身する　Dance hall

1 階客席　Dining area（1F）

1 階バーカウンター　Bar counter（1F）

エンターテインメントとダイニングの本格派，「モータウン・カフェ」ラスベガス店が「ニューヨーク・ニューヨーク」内に1997年1月12日オープンした。この店はマンハッタンに次ぐ2号店で，ザ・ストリップに面した強力なネオンサインのファサードは，すぐ隣にあるブルックリン・ブリッジのレプリカのノスタルジックな電飾の輝きと呼応するかのように，ラスベガスの夜の華やかさに彩りを添えている。

中央の吹き抜け部分の天井にはゴールドディスクがちりばめられ，2階客席への階段の天井には約10mもある世界最大のレコードが吊るされている。店内にはMOTOWN RECORDSレーベルの不朽の名作，ザ・フォートップスの"Reach Out I'll Be There"やダイアナ・ロスの"Lady Sings The Blues"等が流れ，オールドファンを魅了する。

また，ステージでは60〜70年代のブロードウェーのスターたちのライブが1時間に何回もあり，その様子は店内の39のモニターを通して，2階の客席でも見られるようになっている。

なお，2階の奥には100人収容可能なパーティー用のプライベートルームがある。

▲1階客席　Dining area（1F）

▼2階客席への階段　The staircase to upside dining area

Motown Cafe Las Vegas opened on the first of January in 1997, which is second only to Motown Cafe Manhattan in New York City. A combination neon decorated facade of the restaurant and a Brooklyn Bridge replica with very impressive illumination enhance a gorgeous night view of Las Vegas. The top of the cathedral ceiling is decorated by numerous golden discs. 10-meters in diameter, the world's largest record hangs over the steps to the second floor. Motown Records' immortal masterpieces like the Four Tops' Reach Out I'll Be There, or Diana Ross' Lady Sings the Blues, and others are played in the restaurant and captivate their fans.

There are live shows performed by the 60s and 70s' Broadway stars several times an hour on a stage in restaurant. The second floor's guests can also view the shows through 39 monitors which are mounted on that level.

Furthermore, there is a private party room in the back of the second floor, which has a seating capacity of 100 people.

▲ 階段の天井に取り付けられた回転するレコード　The ceiling of staircase

▼ 懐かしいスターたちの写真が飾られた1階客席　Dining area（1F）

水の流れるガラス面に面したカフェサロン　Dining area（1F）

■搭乗している雰囲気が味わえるサブマリン・レストラン

DIVE!
ダイブ!

Fashion Show Mall 3200 LAS VEGAS
BOULEVARD SOUTH, LAS VEGAS NEVADA

入り口まわりを見下ろす　Overlooking the entrance

◀ファサード夜景　Night view of the facade

1階客席　Dining area（1F）

▲2階客席　Dining area（2F）

▼計器類がちりばめられた2階客席　Dining area（2F）

▲ビデオポーカー内蔵のカウンター席　Bar counter

▼1階客席を俯瞰する　Overlooking the dining area（1F）

「ダイブ！」は「ファッションショー・モール」の入り口に位置し，イエローサブマリンをテーマにしたアニメーション的レストランで，そのファサードやインテリアにはユーモアが感じられる。子供連れのファミリー客のためのレストランとして，ラスベガスでは最も人気が高く，開店前には行列ができるほどである。

ファサードは実物大の潜水艦の船首が，高さ9mの滝の壁面から突出した形をしており，入り口はドアハッチをオープンしたフォルムとなっている。

入ってすぐの正面にはビデオポーカー付きのカウンターがあり，左側にはキャラクターショップ，右側は滝の流れを内側から見られるカフェサロンとなっている。その奥はレストラン客席で，天井はヴォールト状の鉄骨によって支えられている。また，壁側の客席はテーブルごとに仕切られ，潜水艦に乗って海中にいるような気分で食事ができる。2階の客席の壁には数多くの計器が取り付けられ，警報が鳴ったり，ランプが点滅したりと，あたかも潜水艦に搭乗しているかのような雰囲気を体験できる。

「ダイブ！」は1994年にロサンゼルスに1号店ができ，1995年にはこのラスベガス，1996年にはバルセロナにもオープン。国内外で多数の出店が予定されている。

入り口わきのキャラクターショップ　Dive! Gear

2階階段わきの計器類　The wall of passage（2F）

Dive! is located near the Fashion Show Mall's entrance. A yellow submarine is the theme of the restaurant and its facade and interior decorations are very humorous. As the most popular family type of restaurant in Las Vegas, guests always stand in line before its opening.

Dive! includes a counter with video poker game machines located in front of the entrance. To the left, there is a shop where guests can purchase Dive!'s original memorabilia. To the right, there is a cafe where guests can see running water on the glazed walls and also a restaurant located in the back. The ceiling is supported with vault shaped iron frames. Each window seat is separated by screens and a simulated underwater scene is projected on the windows. Guests can enjoy their meal as if they were in a real submarine. On the second floor, there are many kinds of gauges installed on the walls to enhance the theme: blowing alarms, flashing lamps, and others.

The first Dive! opened in Los Angeles in 1994. In 1995 in Las Vegas, and in 1996 in Barcelona, Spain. There are many more Dive!s already scheduled to open both domestically and internationally.

潜水艦内部の雰囲気を演出した1階客席　Dining seat（1F）

経営者である有名スポーツ選手たちの顔写真が飾られたファサード　Facade

■有名スポーツ選手の共同経営によるスポーツマインドあふれる"アリーナ"

OFFICIAL ALL STAR CAFE
オフィシャル・オールスター・カフェ

Showcase:Coca-Cola 3785 LAS VEGAS BOULEVARD SOUTH, LAS VEGAS NEVADA

1階カウンター席　Bar counter

2階客席　Dining area（2F）

135

アリーナ状になっている客席天井を見上げる　The ceiling of the dining area

1 階客席を俯瞰する　Overlooking the dining area（1F）

入り口を入ったところにあるキャラクターグッズのショップ　Goods shop

▲1階客席　Dining area （1F）

▼2階トイレ。個室の扉はロッカーの扉を転用したもの　Restrooms （2F）

「オフィシャル・オールスター・カフェ」は「MGMグランド」に隣接して建てられたエンターテインメント・コンプレックス「ショーケース：コカコーラ」内にあるカフェ・レストランである。

"スポーツ"をテーマにしたこの「オフィシャル・オールスター・カフェ」はプロ・テニスプレーヤーのアンドレ・アガシら，有名スポーツ選手による共同経営で，今年のマスターズで優勝したタイガー・ウッズもその一員に名を連ねている。ファサードにはオーナーであるそれらのプレーヤーたちのカラー写真が掲げられ，道行く人々にこの店のコンセプトを強烈にアピールしている。

入り口を入るとすぐにキャラクターグッズのショップがあり，天井からはスカイダイバーのモデルが吊り下げられている。レストラン内部は吹き抜けのアトリウム状で，中央のバーカウンターを取り囲むように客席が配置されている。天井からは黄色のハンググライダー，レーシングカー，スノーモビル等が吊り下げられ，壁面に展示されている有名ボクサーのグローブやトランクス，メジャーリーグの名選手のユニフォーム等と相まってスポーツ心をかき立てる。客席のまわりには60以上のモニターが設置され，スポーツの過去のハイライトシーンを映し出しており，まるでアリーナで観戦しているかのような雰囲気を味わえる。

デザインはニューヨークの「モンキー・バー」や「プラネット・ハリウッド」の設計者として知られているロックウェル・グループが手掛けている。

Official All Star Cafe is a cafe restaurant built in the entertainment complex **Showcase: Coca-Cola**, which is located next to **the MGM Grand**.
The sports theme is carried throughout this restaurant, and is owned by such famous sport players like Andre Agassi, this year's Masters winner: Tiger Woods, and others. Their color photographs are placed on the facade to draw people's attentions.
The restaurant offers a gift shop near the entrance where guests can buy the restaurant's original goods including memorabilia. There is a skydiver's model and a yellow hang-glider hanging from the cathedral ceiling. Famous boxer's gloves, trunks and major league's famous player's uniforms, and others decorate the walls. Over 60 monitors are mounted around the seats and playing highlights of past games. Guests might feel as if they were watching a game in a real arena.
Vivid colors like red, yellow and green are used for the interior of the cafe. The restrooms are, on the other hand nothing but black and white: White tile walls and black and white checker floors. Locker doors are used for the individual restroom's doors. Such details definitely stress the theme of the restaurant. This restaurant was designed by Rockwell Group who is known as a designer of **Monkey Bar** and **Planet Hollywood** in New York.

ファサード。巨大なジュークボックスの下が入り口　Night view of the facade

■カントリー・ミュージックがテーマのアメリカン・フード・レストラン

COUNTRY STAR LAS VEGAS
カントリー・スター ラスベガス

■ 3724 LAS VEGAS BOULEVARD SOUTH, LAS VEGAS NEVADA

客席へのアプローチ部分　Entrance hall

最奥の「エルビス・プレスリーの部屋」　Dining area

「エルビス・プレスリーの部屋」　Dining area

中央客席を取り囲むように配置された客席　Dining area

カウンター席　Bar counter

カントリー・ミュージックをテーマとした「カ
ントリー・スター　ラスベガス」は1996年7
月1日，ハリウッド店に次ぐ2号店としてザ・
ストリップにオープンした。この店は「モン
テ・カルロ」と現在建設中の「ベラジオ」の中
間に位置し，近隣には約3,000室のホテル客
室があるので，立地条件には恵まれているとい
える。年間3,000万人の観光客が訪れるラス
ベガスへの進出を企てるレストランは数多い
が，この「カントリー・スター」もその一つで
ある。
ジュークボックスを模したファサードは，夜に
なると華やかさを増しながら点滅し，カントリ
ー・ミュージックファンへ視覚的にアピールす
る。入り口を入ると，まずキャラクターグッズ
のショップがあり，レセプションの奥はバーカ
ウンター，中央にはライブを楽しめる円形状の
客席というフロア構成になっている。円形状の
客席の天井には星がちりばめられ，"カントリ
ー・スター"が行き交いながら光を放っている。
また，バーカウンターの奥にはロックの王様，
エルビス・プレスリーのメモリアル・ルームが
あり，中にはプレスリーの等身大の人形，写真，
衣装，装身具などが展示され，それらの品々に
囲まれながらの食事はファンにとってたまらな
い魅力であろう。
ヴィンス・ジル，レバ・マックエンタイアー，
ル・アン・ライムス等の人気シンガーたちも，
よくステージに登場する。

Country Star Las Vegas opened on the first of July
in 1996 on the Strip. The Las Vegas restaurant is the
second Country Star after the Hollywood one, which
carries the country music theme throughout the
restaurant. The restaurant is located between Monte
Carlo and Bellagio (under construction.) There are
over 3,000 rooms near the restaurant. Since Las
Vegas receives 30,000,000 tourists a year, many
restaurants attempt to make inroads into the Las
Vegas market. Country Star is no exception.

After dark, a big jukebox facade starts to announce
its presence to its country music fans by flashing its
lights. Behind the reception desk, there is a bar and
the center stage. The seats are set up around the cir-
cumference of the stage. The overhead ceiling is dec-
orated by numerous "Country Stars." The king of the
rock Elvis Presley's memorial room is located behind
the bar. Presley's life-sized doll, photographs, cos-
tumes, accessories and others are exhibited in the
room. Presley's fans can have a good time while they
are having their meal.

Popular singers like Vince Gill, Reba Mcentire, and
Le Ann Rimes perform very often on the center
stage.

中央客席の天井　The ceiling of the dining area

入り口わきのキャラクターグッズのショップ　Goods shop

「ザ・フォーラム・ショップス・アット・シーザーズ」の通路に面した入り口　Entrance

■映画をテーマにしたショッピングモール内のレストラン

PLANET HOLLYWOOD
プラネット・ハリウッド

The Forum Shops at Caesars 3500 LAS VEGAS
BOULEVARD SOUTH, LAS VEGAS NEVADA

入り口わきのバーコーナー　Bar counter

バーコーナーのカウンターのディテール。エッジは照明内蔵で，溶岩が溶け出している
かのような雰囲気を演出している　Bar counter

２階中央部客席　Dining area（2F）

映画スターたちに見守られながら？食事する１階中央の客席　Dining area（1F）

1階最奥の客席。宇宙船の内部を模した天井　Dining area（1F）

「スーパー・ストア」　"Super Store"

「プラネット・ハリウッド」は世界で唯一，映画界，テレビ界のスターやキャラクターたちに囲まれた食体験ができるユニークなレストランである。

映画プロデューサー，ケイス・バリスが「HER ALIBI」の製作中に，現在もっとも成功を収めているレストラン経営者とうたわれているロバート・アールに会ってパートナーシップが成立。バリスのアイデアをもとに，「プラネット・ハリウッド」の誕生，開店へとつながった。

第1号店は1991年10月，ニューヨークにオープン。以来5年間に世界各地約40カ所に店舗を構えるまでに成長し，東京にも出店計画がある。オーナーのプラネット・ハリウッド・インターナショナル社は，スポーツをテーマにした「オフィシャル・オールスター・カフェ」のディベロッパーとしても知られている。

このラスベガス店は1994年7月に人気のショッピング・モール「ザ・フォーラム・ショップス・アット・シーザース」内のテナントとしてオープンした。デザインコンセプトはデビッド・ロックウェルが手掛け，客席は上下階に分かれ2,300m²で550席。Tシャツや時計等のキャラクターグッズショップも併設されている。客席には，世界的に人気のある映画スターたちが実際に映画で使用した衣装や小道具等がディスプレイされており，ハリウッド気分を満喫しつつ食事を楽しめるようになっている。

Planet Hollywood might be the only restaurant where a guest can encounter both the Hollywood film and TV star's images.

Planet Hollywood is a joint venture of a movie producer Keith Baris and Robert Earl who is known as the most successful restaurantuer today. They met while Baris was producing a movie called Her Alibi. Based on Baris' idea, Planet Hollywood was produced and opened.

The first Planet Hollywood opened in New York in October 1991. Since then, within five years, over 40 restaurants opened around the world and a plan for Planet Hollywood Tokyo is underway. The owner company Planet Hollywood International Inc. is known as a developer of the sport themed restaurant called **Official All Star Cafe**.

Planet Hollywood Las Vegas opened in July 1994 in a popular shopping mall **The Forum Shops at Caesars**. The restaurant was designed by David Rockwell. The 2,300-square-meter, 550-seat restaurant has two floors, and it includes a gift shop where guests can buy Planet Hollywood original items. Surrounded by real movie costumes and props used by the world's famous film stars, guests can fully enjoy their meals and "Hollywood" here in Planet Hollywood.

LAS VEGAS
FACADE DESIGN

1.

1. ルクソール (LUXOR LAS VEGAS)
   3900 LAS VEGAS BOULEVARD SOUTH,LAS VEGAS NEVADA
2. カジノ・ロイヤル (CASINO ROYALE HOTEL)
   3419 LAS VEGAS BOULEVARD SOUTH, LAS VEGAS NEVADA

2.

3.

3, 4. スターダスト (STARDUST RESORT&CASINO)
    3000 LAS VEGAS BOULEVARD SOUTH, LAS VEGAS NEVADA

4.

5. フラミンゴ・ヒルトン (FLAMINGO HILTON LAS VEGAS)
   3555 LAS VEGAS BOULEVARD SOUTH, LAS VEGAS NEVADA
6. シーザース・パレス (CAESARS PALACE)
   3570 LAS VEGAS BOULEVARD SOUTH, LAS VEGAS NEVADA
7. ザ・オーリーンズ (THE ORLEANS HOTEL&CASINO)
   4500 WEST TROPICANA AVENUE, LAS VEGAS NEVADA

5.

6.

7.

8.

8, 9. ジャッキー・ゴーンズ・プラザ (JACKIE GAUGHAN'S PLAZA HOTEL&CASINO)
1 MAIN STREET,LAS VEGAS NEVADA

9.

10, 11. フィッツジェラルズ (FITZGERALDS CASINO / HOTEL)
301 EAST FREMONT STREET, LAS VEGAS NEVADA

10.

11.

12.

13.

14.

15.

12. フリーモント (SAM BODY'S FREMONT HOTEL&CASINO)
   200 EAST FREMONT STREET, LAS VEGAS NEVADA
13. ゴールデンナゲット (GOLDEN NUGGET HOTEL&CASINO)
   129 EAST FREMONT STREET, LAS VEGAS NEVADA
14. フォー・クイーンズ (FOUR QUEENS HOTEL&CASINO)
   202 EAST FREMONT STREET, LAS VEGAS NEVADA
15. ホースシュー (BINION'S HORSESHOE HOTEL&CASINO)
   128 EAST FREMONT STREET, LAS VEGAS NEVADA

ラスベガスの建築

解読のための7つの鍵

テキスト・写真

榎本 弘之

茫洋たる砂漠のなかに忽然と出現する【日常のない都市】──ラスベガス。年間3,000万人を吸い込んでしまう世界一のエンターテインメント・キャピタルは，ギャンブルとアミューズメントのためだけの都市として，数十年にもわたって急激な発展を続け，絶えず革新的な試みを現実のものとしてきた。

その建築は，単一の機能だけを入れる器として，極めて特殊な扱いが施されている。確かに一見したところでは，歴史とやすらぎに溢れた石造の街並みに比べれば，奇抜さだけを追ったいい加減なハリボテとして，《奇怪》で《醜悪》な《安物商業建築》と片付けられてしまうかもしれない。しかし，ここでは既存のスタティックな美学は通用しない。《一瞬の素晴らしい興奮を与える》という目的だけを，あらゆる角度から追求し続けてきた結果，建築の持てる力のひとつが集約的に提示される。これまで等閑視されてきた表層の可能性が，強烈なパワーをもってわれわれに迫ってくる。その影響力はあまりにも大きく，ポストモダニズムを越えて，今や都市の未来を予感させるとさえ語られるほどになっているのである。バーチャル・リアリティーが一般生活に入り込みつつある今日，人間の欲望という本性に基づいて，ラスベガスは何者にも縛られることなく新しい虚構の美学を確立し，さらにそれをすさまじいスピードで展開しつつあるのだ。

ラスベガスは人間と建築との関わりの，極端な一例と見えるかもしれない。しかし特異な部分を徹底的に突き詰めた世界は，広く宇宙に通じるものを持っている。われわれとラスベガスの距離を測ることで，見えてくるものも多いに違いない。商業的に成功することだけが建築の美徳ではないが，これだけ多くの人々の心を捉えて離さないことの内には，きっと建築の真理のひとつが隠されていることだろう。それを読み解く一助とすべく，以下ではラスベガスの建築を構成する要素を7つのキーワードにまとめ，特質を概観することとする。

後ろめたさの残るかつてのカジノの街は，クリーン化と客層の拡大によって，あらゆるエンターテインメントを包括する巨大都市となった。数千室という途方もない規模のホテルが次々にオープンし，それらが皆，新しいテーマをもって人々の興味を駆り立てる。今は第何期目かの黄金期である。そこには派手であけすけなだけのファサードと見えるなかに，建築のひとつの真実が隠されている

1 夢とファンタジー、そしてお気楽さ

旅の良さとは，どれだけ日常から遠く離れられるかによって測られる。いかに日々の雑事のうっとうしさから逃れ，ウサをきれいさっぱり忘れ去って，新しい世界の新鮮さにわくわくすることができるか――いかに《夢中》になれるかが旅のすべてを評価する。

ギャンブルは，非日常を獲得する最良の方法である。出目に集中することで頭の中はからっぽになり，俗事を想う隙間もないほどに，一攫千金の夢が意識を埋め尽くす。ストレス解消とか憂さ晴らしという消極的な目的にはとどまらない。闘争本能の刺激や大勝利への欲望によって，生き生きした人間らしさの実感を取り戻すことが，最高の喜びとなる。こうした熱狂があってこそ，意識は日常の足枷を振り切って自由に翔けるのである。

その悦楽を求めて世界中から旅してくる人々――目をぎらつかせ，興奮を隠そうともしない彼らは，《ラスベガス》という響きの中に，強いあこがれを熱くたぎらせている。そういう人たちは，決してありきたりのものでは満足しない。うっとりするような光のきらめき，圧倒的な迫力，他ではあり得ないほどに素晴らしい物凄さ――そういうものにすっぽり包まれて，いっときの興奮をむさぼりたいがためにここに旅して来るのだから。気分を極限まで高揚させてくれる空間，射幸心をむらむらとあおってくれる世界，子供の頃から想い焦がれてきたエキゾチックなあの別天地――それは現実の日常から完全に切り離されているという意味で「夢」であり，あこがれの小宇宙であるがゆえに「ファンタジー」なのだ。

ラスベガスの「夢」と「ファンタジー」の世界は，こうしてギャンブルの下に始まった。とはいえ何も人を陶酔させられるのは，カジノに限ったことではない。まずは目を見張るレビュー，超大物スターのショー，最高ランクのプロ・スポーツが，カジノの次にラスベガスの呼び物に加わった。さらには客層の拡大を求めて，女性客を引きつける巨大ショッピングモールや，子供にも楽しめるテーマパーク，若者にアピールする最先端のアミューズメントが次々に付加されてゆく。かくてラスベガスは，あらゆる人々を夢とファンタジーで包み込む，アミューズメントとエンターテインメントの総本山となっていったのである。

それと同時にラスベガスは，アメリカ人にとっては国内線でほんのひとっとび，ちょうど東京から箱根か熱海にでも行くような手軽さで到着できるところでもある。しかもギャンブルからの売り上げで潤っているせいもあって，ホテルも食事も破格に安い。治安も良く，特別なステータスも技術もいらない。服装もいたってラフ。この夢とファンタジーの別天地は，最高のエンターテインメントを提供してくれると同時に，それを気張ることなく誰でも安心して《お気楽》に味わえる場所でもあるのだ。それがこの街のもっとも際だった特徴なのである。

まずは，そういう客の期待を受けとめるのが目的の場所だということを念頭に置いておくことが，このスゴさとチャチさの共存する街，そして建築を理解するための第一歩であると言っていい。

ストリップ（大通り）に面しては，日常はない。通常の都市には考えられないような破格さと《アグリー（醜悪）》さは，すべてこの日常を排した単一機能都市であるが故の，表層の特質なのである。それはひとえに夢とファンタジーの実現を目指す（写真／エクスキャリバー）

一時の興奮をむさぼらせるための，あらゆる仕掛けのある都市，それだけしかない都市――それがラスベガスだ

こけおどしなまでに巨大なスケールで作ること ―― 客のあこがれと興奮・熱狂を呼び起こすには、まずはそれが最も単純だ。デカいことはそれだけで気分を高揚させ、魅力を形成してくれる。一棟で5,000室を越えるホテル、かすんで端の見えないほど広大なカジノ、ワンフロア数千台のスロットマシン、デパート4つと無数の人気店舗が入ったショッピングモール、ジェットコースターを2つ納めたガラスドーム、345mのタワー、巨大なコーラ瓶とライオン像、500mの天井スクリーン、そしてばかでかいネオンサイン ―― 他では考えられないほどの圧倒的なスケールは、仰ぎ見れば輝かしい物凄さで、明快かつ強力な感動を与えてくれるのである。大きいということの魅力を理解するためには、何の素養も素質もいりはしない。理解の基盤が共通だから、誰にでもわかる「素晴らしさ」なのだ。これは多種多様な人種と文化の混在するアメリカという国にあっては、意外に重要なことなのではないかとも思われる。

あるいは広大な風土を開拓してきたアメリカンドリームの国民には、巨大なことが大勝利の《夢》と可能性を感じさせてくれるという見方もできよう。また大きいことイコール豊かさの表現と考えれば、豊かさへのあこがれを煽ることが、一攫千金の夢を膨らませることにもなるだろう。

カジノのおかげで、資金に困ることはない。大きく作れば、一部に新しい試みを持ち込んでも、リスクは小さくてすむ。効率も上がる。収益率も向上する。メジャーなイメージを獲得して、業界を引っ張ってゆける。そして何よりも、巨大さは最大の呼び物にして一番簡単な宣伝文句となるのである。街が拡大すればするほど、そのスピードを上回るほどに客は増加する。いつの時代にも、こんなに巨大化して大丈夫なのだろうかと懸念する声は聞かれたが、常に現実の数字がそれを払拭してきた。今日でもホテルの稼働率は常に90％以上、大金を賭けるハイ・ローラー以外はホテルを選り好みしなくても、予約しにくいことが多いという。

大きいことはいいことだ、2,000室3,000室は当たり前とばかりに、次々と建設されるスーパーカジノ＆ホテル ―― この狂乱ブームは一体、どこまで続いてゆくのだろうか。

タイにもう100室ほど大きいホテルがあって世界一の座は明け渡したらしいが、それでも5,005室という規模は途方もない（しかも正面には高さ27メートルの発泡スチロールのライオンが鎮座する）。世界の巨大ホテル上位15のうち、14までがラスベガスに集中しているという事実は驚嘆に値する。そして新生サンズは1998年、6,000室をもってオープンする（写真／MGMグランド）

見渡す限りのスロット・スロット・スロット ―― この広大さが熱気に拍車をかける（写真／ニューヨーク・ニューヨーク）

車でアプローチすると、真っ黒なピラミッドを後ろにひかえたスフィンクスがどんどん大きくなって、最後にはその腹の中に吸い込まれる。そして次には巨大空間が待っている（写真／ルクソール正面の入り口）

客がすっぽりと包まれ安心して身をまかせられる別天地を作るための，一番確実にして容易な（そして安直な）方法は，ある時代・ある地域で確立された様式を，そっくりそのまま借用することである。

歴史的に確立された《様式》においては，ありとあらゆるもののデザインコード・規範が一意的に定まり，体系的に統合されている。建築の外観から空間・スケール・仕上げ・装飾・ディテール，ひいては食事から従業員の衣服に至るまで《様式》に則ることで，デザインは悩むことなく決定され，それらは互いに自動的に調和する。こうして《様式》は，間違いなくまとまった世界を構成してくれるのである。

ましてや一つの窓もなく外界から遮断されたカジノという別世界では，すべてをその借り物の様式で統一することには，まるで苦労しない。かえってそうでもしないことには，全体を統括することに膨大なデザイン力が要求されてしまうだろう。その様式

うそ・キッチュ・まがいものと分かってはいても，気分を盛り上げられてしまう《様式》の有効性（写真／フォーラム・ショップス）

徹底した造り込みの中で，客は安心してだまされる快感を味わう（写真／ルクソール）

ラスベガスの様式・テーマリスト

オープン年	施設名	様式・テーマ	オープン年	施設名	様式・テーマ
1999	パリス	パリ	1990	リオ・スイート	リオのカーニバル
1998	サンズ	ベニス	1989	ザ・ミラージュ	南国の楽園
1998	プラネット・ハリウッド	ハリウッド映画	1987	コロラド・ベル	外輪船
1997	ベラジオ	イタリア	1980	インペリアル・パレス	東洋
1997	ニューヨーク・ニューヨーク	ニューヨーク	1979	バーバリー・コースト	ヴィクトリア王朝
1996	モンテ・カルロ	モンテ・カルロ	1973	ハラス	ニューオリンズ
1996	オールスター・カフェ	スーパースター	1968	サーカス・サーカス	サーカス
1995	ハードロック・ホテル	ロック	1966	シーザース・パレス	古代ローマ
1995	DIVE！	深海	1966	アラジン	アラビア
1994	バッファロー・ビルズ	西部開拓史時代のゴーストタウン	1957	トロピカーナ	南国の楽園
1993	ルクソール	古代エジプト	1955	デューンズ	アラビア
1993	MGMグランド	オズの魔法使い・映画	1952	サハラ	北アフリカ
1993	トレジャーアイランド	海賊	1948	サンダーバード	インディアン
1993	グランド・スラムキャニオン	グランドキャニオン	1942	ラストフロンティア	アメリカ西部
1992	フォーラム・ショップス	古代ローマの市場	1941	エル・ランチョ	スペイン
1990	エクスキャリバー	中世のアーサー王物語			

に沿ってさえいれば，すべてはしっくりとなじみ，一定のテイストが保証されるのである。

加えて，常に新しい刺激を求める客にアピールし，激しいライバルとの競争に打ち勝つためには，「個性」という名の下に，他とは異なるユニークな《様式》を売り物にしてゆくことが，極めて有効な手段となるのだ（個性という点では，あらゆる借り物の様式を使い果たしてしまった19世紀ヨーロッパのヒストリシズムにも比肩されよう）。さらに，もともと100年前には全く何もなかった砂漠のラスベガスには，借り物であることを躊躇させるものは，何も存在しないのである。

とはいえ，個性的であればどんな様式でも良いというわけではない。もともと一般の人々の頭の中で，はっきりとイメージできるまでに流布した分かりよい様式であること，しかもそれに対して人々が強いあこがれの念を抱き，エキゾチシズムを強く刺激されるようなものであること ——《様式》は，慎重に選び取られねばならないのである。逆に言えば，この2つのクライテリアを満足するものであれば，古代ローマやエジプトといった，いわゆる歴史の中の狭義の《様式》に限定される必要はない。南国の楽園とかニューヨーク，ベニスといった個性あふれる地域はもとより，深海やロック，映画といった特殊だが多様な特質を持った世界もまた，十分に魅力的な世界を構成することができる。かくて，ラスベガスには「テーマホテル」というカテゴリーが成立するに至る。

もともとは西部の砂漠に位置することから，ごく初期には砂漠，インディアン，西部開拓史の時代といった土着のテーマ・様式が選ばれたこともあった。しかし程なく雑多な世界のスタイルが寄せ集められ，いまや様式の見本市のような様相を呈するまでに至っている。左の表を見れば，小さなこの街の中に，いかに多くの様式・テーマが詰め込まれているのかが分かるだろう。訪れる客は，隣のホテルへと渡り歩くたびに，テレビや物語を通して「良く知っている（つもりの）未知の」世界を，安心して楽しむことができるのである。たとえ，史実から離れた表層だけのまがい物＝キッチュと呼ばれようとも，《本物よりも本物らしい》世界で，客のあこがれを満たしてやることの方が，ずっと大切なのだ。

直接，金を生むわけではない路上のアトラクションに70億円もの巨費を投じて完成した500mの天井スクリーンは，期待をはるかに越えた効果を現した。ストリップに客を奪われつつあったダウンタウンのカジノは，このお蔭で大幅に集客数を伸ばしたのである。日本に現れる日も遠くないことだろう（写真／フリーモント・ストリート・エクスペリエンス）

1993年に鳴り物入りで登場したオズの魔法使いのアトラクションは，不評のためか3年を待たずして閉鎖された。最先端のアミューズメント技術といえども，常に厳しいチェックの目にさらされている（写真／MGMグランド）

地上300mから4Gの力を受けて大空に50m打ち上げられると，頂部では無重力となって生命の危機すら感じてしまう。この乗り場には，全く案内板のない中，カジノからショッピングモールをうんざりするほどさまよい歩かされる。ついついスロットマシンに手を出し，衝動買いをさせられてしまうという趣向である（写真／ストラトスフィア・タワーのビッグ・ショット）

小部屋で食事しているとホストがマジックを見せるという趣向は，日本ではちょっと思いつかないが，ハリウッドに近いラスベガスでは，優れた人材が底抜けに楽しい体験を与えてくれる（写真／シーザース・マジカル・エンパイア）

激しい客寄せ合戦を繰り広げるホテル群は，巨大なスケールで圧倒し，あこがれの様式でエキゾチシズムを駆り立てるだけでは不足とばかりに，さまざまな《目新しさ》で，呼び物を追加しようとする。だが，呼び物となるような新趣向といっても，もちろん，単なるゲテモノ・キワモノでは話にならない。必要なのは，他ではお目にかかれないオリジナリティと，多くの客を夢中にさせるエンターテインメント性，そして短い宣伝文句で誰もがその素晴らしさをイメージできる明快さ，という3点である。このすべてを兼備する新趣向のアミューズメントや空間が開発できれば，ホテルは一挙に強い個性を獲得する —— あの新しい○○のあるホテル，という具合に。そして，新趣向への客だけでなく，なぜか，カジノにも多大なる集客を得ることができるのだ。

呼び物として最も間違いがないのは，音楽やスポーツのスーパースターを呼んでくることだ。しかし，ひっぱりだこのこの大スターが，いつまでもラスベガスに張り付いていてくれるわけはない。

幸いラスベガスには，カジノからの豊富な資金と，未知のものへのリスクを省みない《勢い》がある。アイデアに溢れる若い才能は，こうして金とチャンスに富んだラスベガスに引き寄せられてゆく。そしてラスベガスは，新しいエンターテインメントの実験場となるのである。こういった分野では，アメリカはめっぽう強い。最先端の・過激な・奇抜な，あるいは画期的なソフトとハードが，新しい物好きで移り気なゲストの前に次々と並べられる。予想ほど集客できなかった新趣向は，直ちに改装されてしまう。しかしひとたび有効性が実証されると，ここで開発された新趣向は世界中に広まってゆくのだ。そして，再びさらに刺激的なアイデアが開発されてゆくのである。

こうした手法がてんこ盛りのラスベガスは，メディアや遠目では，確かにその効果は驚くばかりである。だが，空港からあっけないほどすぐ目の前に現れる高名なホテル群は，期待に反して意外なほどにチャチなのだ。強烈な砂漠の太陽は，材料の安っぽさとディテールの荒さを，隠すことなくあらわにしてしまうのである。最新のニューヨーク・ニューヨークでも，シーグラムビルの繊細なマリオンはただのアルミサッシになってしまっている。トレジャーアイランドの宿泊棟にしても，あの外観は普通の安マンションだ。エクスキャリバーのお城に至っては，吹き付けタイルのような外壁は，30年前の遊園地さながらといった体である。

アメリカの現代建築に精緻な細部を期待する方がおかしいのかもしれないが，それでも世界に名を馳せた巨大ホテルである。これはどうしたことなのだろうか。

と，いぶかしながらも時差ボケでかすんだ頭を午睡で癒し，ほろ酔い加減でもう一度夜の街に出ると，そこには先程とはうって変わったもう一つの顔があった。きらめくネオンとライトアップされた外壁は，材料とディテールの存在をきれいに消し去り，目を疑うほど素晴らしく華やかな光景を浮かび上がらせていたのである。すべてはこの夢見心地の夜景という《効果》に向けて演出されたかと思えるほどの変わりようであった。

そういう目でもう一度細部を見回すと，この日常生活のない街には，ある一点の効果だけを狙って研ぎ澄まされたディテールが溢れているのが見えてくる。ほの暗い中にきらっと光る金属の輝き，華やかさを盛り上げる入念な表面の造り込みと光の扱い，荘重さで人を圧倒するローマの列柱やエジプトの象形文字，あるいはいかにも年月を経たかのような塗装の術 ── ちょっと指で叩けば軽薄なFRPの響きが返ってはくるけれど，空間はこうした表層処理のおかげで，強烈なメッセージを発してゆく。

良きディテールとは，ラスベガスにあっては，破綻のないきちっとした納まりのことではない。強い視覚的効果を持つことだけが善とされる。細部はすべてこの一点に向けて洗練され，他の属性はすべてばっさり切り捨てられるのである。

マンハッタンの一角を模したこのカジノには，重みのある屋外の雰囲気をもたらすべく，真新しい柱脚にリベットの錆が流れた模様がペンキで描かれている。こんなに細かいところまでと，ちょっと驚かされてしまう（写真／ニューヨーク・ニューヨークのカジノの柱）

ローマの市場の一日を1時間で再現するために，照明から空調までが細かく調整され続ける。ファサード細部の入念さは言うまでもない（写真／フォーラム・ショップス）

雰囲気を盛り上げるためなら何でもやる。多少の手間は厭わない（写真／ルクソール）

コーニスの装飾としてカルトーシュ（王の紋章）を用いるなどという手法は前代未聞だが，そんなことにはお構いない。しかし確かに効果は上がっている（写真／ルクソール）

テーマ・様式が決まれば，ディテールには徹底的に凝りまくる。ニューヨーク・ニューヨークでは，豪華なリムジンもジェットコースターの車両も，あのニューヨークの黄色いタクシー模様だ。そうなるのは簡単に想像できるとはいっても，やはりニヤッとさせられる（写真／ニューヨーク・ニューヨークのリムジン）

とはいうものの，やはりチャチさが脳裏をかすめる時がある。特に気になるのは，同じような虚構の世界：ディズニーランドの，一分の隙もない精緻さだ。その徹底した造り込みは，舌を巻くほど見事なものである。比較すると，ラスベガスにはどうしてもハリボテの感が拭えず，見劣りする部分ができてしまう。同じアメリカだというのに，この違いはどう考えたらよいのだろう。

ディズニーランドは，ごく大雑把に言うならば，子供に新しい夢を広げてあげる世界である。何も知らない子供には，あらゆる細部をきちんとお膳立てしてやらないと分からない。全くの未知の世界を自分の中で新たに組み立てるには，適切な材料がないと，うっとりする素晴らしいイメージへと纏っていかないのである。

また，ディズニーランドは別世界を見せること自体が目的である。見せるものに手抜きの部分があれば，直ちに客の落胆を誘うこととなる。そして客は，あくまでもそれを観る＜他者＞として存在する。

ところがラスベガスに旅する客は，十分な知識を持った大人である。そういう大人がよく知っている，イメージしやすいものだけをテーマにしているのが，ここのホテルなのである。だから極端に言えば＜想像力を喚起するきっかけ＞だけが用意されていればよいのだ。目をぎらつかせた客は，それだけで勝手に盛り上がってくれるのである。建築は，あくまでもそこで何かを楽しむための背景に過ぎない。

ここにラスベガスにおける《都市の演劇性》を見ることができる。だれも舞台の大道具を見て，あれは本物ではないと文句を言ったりはしない。あらゆるものがハリボテで薄っぺらい書き割りであっても，観客はいつの間にかその中に入り込んで主役となり，夢の大円団を目指して，スリルと興奮の芝居を演じてゆく。舞台装置は，イメージを膨らませさえすればよいのだから，決して完全である必要はない。足りないところは，ノリの良い客が自分の想像力で補ってくれる。こうしてラスベガスは，街全体が演劇の大きなステージとなってゆくのである。この完璧な演劇性こそは，ラスベガスを今日の都市の未来像たらしめている要素のひとつだと言ってよいだろう。

演劇性は，ラスベガスの存在自体を虚構たらしめる。これは造り事だ，夢なのだと知りつつも一時の興奮の芝居を演じるための大道具として，建築は作られる。あるいは装置としての建築（写真／ニューヨーク・ニューヨークのカジノ）

いまやラスベガスはカジノだけの街ではない。ショッピングひとつとっても，客は偽物の青空の下でバーチャルな街路の主人公となる（写真／フォーラム・ショップス）

7 イマージュの王国 ── ベンチューリから学ぶもの

建築家がラスベガスという響きから最初に思い起こすのは，実はカジノでもテーマホテルでもない。ラスベガスという名はそれ以上に，R.ベンチューリがポストモダンの想を得た街として，頭に焼き付いているのである。

1968年，ペンシルバニア大学の教授だったベンチューリは，硬直化した近代建築の味気なさを超克すべく，ラスベガスのストリップ（大通り）を克明に調査した。『ラスベガスから学ぶもの（Learning From Las Vegas）』*1 には，安普請の下品なホテルに張り付けられた大看板が，新しいシンボリズムのもとに，来るべき次世代の建築と都市のあり方を示唆していることが，センセーショナルに述べられている。近代建築は，端正なプロポーションとシンプルな細部で抽象的に語りかける高尚な純粋芸術であった。その表情は冷たく無口で，拒絶的とさえいえるほどである。ところがラスベガスの建築は，大衆文化の饒舌さをもって，あからさまにメッセージを投げかける。ベンチューリはストリップを観察する中から，これからの都市の根幹をなすのは，生産でも生活でもなく文化のメッセージ，すなわち《情報》となるという点を看破したのである。情報社会・情報都市という言葉は今でこそ聞き慣れたものだけれど，最初にそれを見いだしたこの本は，歴史的名著としてポストモダンのバイブルと呼ばれるようになった。

ラスベガスは日常生活のない街という，極端な例である。しかし多かれ少なかれ今日の都市は生活実感を失いつつある。生産は郊外に押しやられ，肉体労働は減り，家族単位は小さくなって，都市は実体のない空虚な豊かさだけを享受する場と化してゆく。価値があるのは，飛び交う情報だけとなる。その時，建築は表層にすべてを還元させるだろう。すなわち建築が構造や設備・空間といった内実を充足させるのは当然のこととして不問にされ，外形や仕上げという表層が視覚に訴えかけるメッセージの，内容と形式だけが問われることとなる。そういう近未来の都市像を探るにあたっては，ラスベガスのあけすけな商業主義が最も示唆的なのである。

そこまでは言わないとしても，表層のメッセージ性がいかに人間に強い効果を及ぼすかをはっきりと指し示してくれるのは，ラスベガスをおいて他にない。カジノにしても，主役はダイスの目という抽象的な情報である。テーマホテルも，中核は客の頭の中に結像するイメージという実体のないものだ。そして客寄せの大看板は，直接的な情報そのものなのである。このイメージの豊富さは，まさにイマージュの王国と呼ぶにふさわしい。興奮を呼ぶありとあらゆるイメージが明示的に投げかけられ，街は情報で氾濫する。感情を揺さぶる情報とイメージの操作は，ここではもはや建築の最大にして唯一の機能となっているのである。構築的な躯体や空間は，それを裏側から支えているにすぎなくなる。

昼の街を訪れたときに感じるチャチさは，実はこの実体の欠落に由来するものだったのだ。ラスベガスをラスベガスたらしめているのは，まさにこうした虚構性なのである。だからこそ，われわれは次々にオープンする巨大ホテルが今度はどんなバーチャル性を纏うのかと，常に注目の眼差しを向け続ける。

*1，邦題『ラスベガス』石井和紘・伊藤公文訳，鹿島出版会1978年

※この写真のみ高野浩毅撮影

当初，ラスベガスのホテルは，前面に駐車場をとり，道路から引っ込んだ形で建築の建つモーテル型から出発した。スピードを上げて走る自動車に存在をアピールするためには，必然的に大きな看板を道路際に掲げることとなる。ベンチューリが注目した60年代のストリップは，こうした都市景観から成り立つものであった（写真上／1968年）。しかし駐車場は決して見映えがするものではない。時とともに駐車場は背後に隠され，建築は道路ぎりぎりにまで前進した。建築がそれ自体で目を引く必要が生まれ，ファサードにはエンパイアステートビルが鎮座するに至る（写真下）。ベンチューリがデコレイテッドシェッド（看板のついた普通の小屋）だとして賞賛したラスベガスは，今や意外なことに，ダック（それ自体が看板の建築）の時代となりつつある

ラスベガスの歴史……きらめきの奔流

榎本道子 *Michiko ENOMOTO*

砂漠の中の小さなオアシス

19世紀中頃，ゴールドラッシュが始まる数年前のことである。5月とはいえモハビ砂漠の強烈な太陽は，探検家ジョン・C.フリーモント中尉の一行に，容赦なく照りつけていた。連れていた家畜は次々と息絶えた。何日もの間彼らが目にしていたのは，延々と続く赤茶けた砂漠だけだったのである。そんなある日，案内人が指さした光景に，彼らは目を疑ったに違いない。砂煙にかすむ荒野の向こうに輝く蜃気楼……しかしそれは，灼熱の砂漠に忽然と出現した本物のオアシスだったのである。きらきらと光る泉の周りには山ヨモギが生い茂り，彼らは湧き出る透き通った水で息を吹き返した。ここにはラスベガス《スペイン語で草の生い茂る豊かな土地》という名が与えられていたのだった。

かつて湖の底だったというこのオアシスは，確かに大砂漠の中にあっては希有の水場として《豊かな土地》と感じられたのも無理はない。しかしこんな僻地のオアシスが，百年余りの間に，かくも輝かしき大都市に成長しようとは，どうして彼らに想像できただろうか。

「ラスベガス」という名

この地名は1846年，61年の地図には単に「Vegas」と記されているが，1856年に設立された町の郵便局には，ラスベガスとは名付けられず，当時植民していたモルモン教の宣教師ブリングハーストの名が付けられた。というのも，サンタフェの近くにすでに同じ名前の街があったからである。ラスベガスと正式に記録されるのは19世紀末から20世紀になってからのようである。なお，スペイン語で"Las"は冠詞，"Vegas"が「草の生える豊かな土地」を示す。

宿場街としての出発——19世紀

先住インディアンしか知る者のないこの土地に初めて分け入った白人は，スペイン隊商の偵察員R.リベラ青年と言われている。1829年のことだった。サンタフェとカリフォルニアを結ぶスパニッシュ・トレイルの近道として発見されたこのオアシスは，それ以降，キャラバンが休息をとる場所となっていった。

1850年以後は，ソルトレイクシティ／サンディエゴ間の郵便ルートの中継地として，幌馬車用に道路が整備されてゆく。またインディアンへの布教をめざすモルモン教の拠点として，砦も建設された。モルモン教徒はわずか3年で撤退を余儀なくされたが，砦はオハイオ出身のO.D.ガスによって，ラスベガス牧場として経営されることとなる。地下水に恵まれ掘り抜き井戸が

インディアンが見たラスベガス

19世紀までのラスベガス一帯は，約2キロ四方にわたり，黄色い花をつけた低木や山ヨモギが生い茂っていた。二つの泉からは小川が流れ出ており，透き通った水は時には早い流れとなって，コロラド川の方角に向かっていた。途中の水たまりの水温は約20度。飲むには適していなかったが，沐浴には適温だったらしい。

可能なラスベガスは，アメリカ横断鉄道の建設計画やネバダのゴールドラッシュ，鉱山ブームに支えられて，徐々に宿場街としての基盤を固めていくのだった。

歓楽街への道——1900年～1930年

20世紀に入ると，ラスベガス牧場と周辺の水利権は，モンタナ州の上院議員W.クラークの所有となった。1905年に，彼は自分の所有するサンペドロ・ロサンゼルス＆ソルトレイク鉄道の分岐点となる駅前の土地（現在のダウンタウン）を40ブロックに分け，分譲を開始した。この競売用に建てられた30室のテント張りホテルが，ラスベガスでの最初のホテルといわれている。翌年には鉄道が開通して，鉄道の街としてのラスベガスが誕生する。街路沿いには銀行，ドラッグストア，酒場等が建ち並び，商人や旅行者，労働者たちの休憩所として，にぎわいが見られるようになった。記録によれば，1909年の段階ですでに6軒のホテルと11のサロンがあったという。

1911年に創設されたラスベガス商工会議所は，1918年に「未だフロンティアであり続ける街」をスローガンとして，この街を西部のリゾートエリアとする方針を打ち出した。開拓時代の非日常的な香りや西部の荒々しい魅力は，都会の人々のノスタルジーや冒険心を刺激するに十分だったのである。また1925年には，自動車ショールームを併設したオーバーランドホテルもオープンし，地区内部は，自動車の普及に向けて舗装も行われた。さらにソルトレイクシティ／ロサンゼルス間の道路の整備も進められ，グランドキャニオン国立公園・ザイオン国立公園の制定，航空会社のラスベガス線就航等により，ラスベガスの観光地化には，一層，拍車がかけられてゆく。

実際，多くの人々にとって通りすがりのこの街には，日常生活から遠く離れた砂漠の中のオアシスという開放感が溢れていた。もともと辺境の地だったということもあり，政府管理の目もゆき届くことはない。その結果，1909年以降禁止となったギャンブルや，禁酒令下（1920～33年）にあってのアルコール類の販売，許可制の売春宿といった，いわば社会悪の存在も黙認されるようになる。

こうしてラスベガスは，駅前を中心として，西部の歓楽街としてのスタートを切ったのである。

この砂漠が今のラスベガスに変身することを誰が想像しえたであろうか

ターニングポイント──1930年代

1931年，ラスベガスには大きな転機が一挙に訪れる。かの国家的大事業・フーバーダムの建設開始とギャンブルの合法化である。ここに，今日のラスベガスへと向かう確固たる道程が示された。

ラスベガスの南東40キロほどの場所に計画されたフーバーダムは，コロラド川の水量調整と西部地域への電力供給が主な目的であった。この工事に関連して，ダウンタウンのフリーモント・ストリートからダムへと続くボールダーハイウエーの拡張工事も始まった。工事のために作られたボールダーシティには，5,000人以上の作業員とその家族が移住したという。地域の発展にとって彼らが寄与したものは測り知れない。ダムは1936年に運転を開始し，世界最大のダムと人工湖ミード湖は，西部の健全な観光名所として脚光を浴びていった。ここから提供される安価な電力は，後のラスベガスのネオンサインやホテルの巨大エアコンに，ふんだんに使用されることになる。さらにミード湖の豊富な水は，広大な砂漠地域を十二分に潤してゆく。人口の増加・観光客の誘致・電力と水の供給という多くの点で，ダムはラスベガスを強力に発展させたのである。

ギャンブルの合法化は，1929年の大恐慌で落ち込んでいたネバダの経済を立て直すことが目的であったとされている。1931年に初めてギャンブルライセンスを取得したブロック16地区のノーザンクラブを皮切りに，ボールダーハイウエー沿いには，スペイン植民地スタイルのメドウズクラブ，ダウンタウン初の100室（！），3階建てエレベーター付きのホテル・アパッチ，初めてネオンサインを掲げたボールダークラブ等，娯楽施設が次々にオープンし，活気を帯びてくる。24時間営業の「時計のない街」という呼称も，かなり早い時期から付けられたものだった。

同じく1931年には，結婚と離婚を容易にする婚姻法がネバダ州で制定され，結婚式をあげるためにラスベガスの教会へ赴くというブームを招く。おまけに1933年の禁酒令解禁で，街のにぎやかさは加速されていった。

もうひとつ忘れてならないのは，客層の変化である。自動車が普及し始めたこの頃になると，車でロサンゼルスから7時間あまりのラスベガスは，西海岸の都会に住む上流階級の人びとにとっても，日常を忘れられる格好のリゾート地として注目されるようになってきた。ここではギャンブルはもちろんのこと，16気筒のキャデラックでイ

ンディアン居住区へ向かう観光ツアーや，砂漠のど真ん中でのゴルフも楽しむことができたのである。ハリウッドの面々も映画の初演上映会を開いたり，羽目をはずせるハリウッド式パーティーを催したという。ラスベガスは，もはや地元住民や荒くれ男たちをターゲットとするだけでなく，ハイセンスで贅沢好みな都会人をも対象とするエンターテインメントの街へと変貌を迫られたのだった。

1930年代初頭のフリーモント・ストリート
©Las Vegas Convention & Visitors Authority's Official Ethnic Guide

街の膨張と発展──1940年代前半

【大戦の恩恵】

1930年代のフーバーダム建設やギャンブル合法化によって急速に膨らんだラスベガスの街は，30年代後半になると一段落の気配を見せていた。ところが第二次世界大戦の勃発を契機に，人口は再び増加の勢いを取り戻す。

1941年にラスベガス市がアメリカ空軍に土地を貸与すると，後援基地として多くの兵士が駐屯をはじめる。また，平時には少なかったマグネシウムの需要が急増したことで，政府はネバダの豊富な鉱山資源やフーバーダムからの安価な電力や水源に目をつけ，ラスベガスの南東約25キロに大規模なマグネシウム工場，ヘンダーソン・コミュニティを建設した。鉱山は戦後，閉鎖されたが留まる者も多く，この期間に弾みのついた人口拡大は，戦後のラスベガス発展の基礎となった。

【ストリップへの進出と，テーマ性の導入】

ダウンタウンからロサンゼルスへと向かうルート91，通称ストリップ（大通り）は，1940年頃までは，ガソリンスタンドと看板，カジノが点在するだけの，砂漠の中の一本道にすぎなかった。この殺伐とした荒野の大通りにまず最初に目を付けたのは，ロサンゼルスのホテル王，T.ハルである。彼は鉄道の街としてにぎわっていたラスベガスが，時を待たずして自動車社会の波を受けるとの確信をもっていた。そして街の境界外であるが故に税金がかからないストリッ

プ沿いに広大な土地を購入し、大型モーテルの建設にとりかかる。それまでにも市内には少なくとも26の小型モーテルが営業していたが、1941年にオープンした彼のエル・ランチョ・ベガスは、従来のカジノホテルの形式を覆す画期的なものであった。牧場スタイルでスペイン風デザインのこのホテルは、広大な駐車場、カジノのある広いロビー、ショーホール、緑豊かな芝生、屋外プール、風車を形取った大きな看板といったハイウエー型リゾートモーテルを提示した。このホテルは当初50室であったが、すぐに60室を増設し、ハリウッドのスターたちも常連として顔を連ね、ロサンゼルスからのリゾート地として定着を見せ始めたのである。

この成功を見て、街の有力者R.E.グリフィスは、1942年にカジュアルな西部スタイルの大型モーテル、ラストフロンティアをエル・ランチョの南約1マイルのところにオープンさせた。107の客室は四方に延びたウイングに収め、400台の駐車場を用意し、ロビーには開拓史時代のワイルドさを強調したインテリアを施した。西部の街というテーマを演出するために、ウエスタン風の衣装をまとった御者が、ゲストを空港からホテルまで馬車で送迎するというサービスまで行われたという。車輪の形をしたシャンデリアで飾られたレストランでは、有名スターによるショーが催された。ホテル前面に配置されたプールは、ストリップを通り過ぎるドライバーたちに、十分すぎるほど砂漠のオアシスをアピールしたのだった。

ストリップに沿って建てられたこれら二つのホテルは、スペイン、フロンティアというラスベガスの歴史的背景から直接的に導かれたテーマをもっていた。このような娯楽施設が、ディズニーランドやナッツベリーファームに比しても、10年余りも先んじていることには驚かされる。アメリカ人が自分たちの歩んできた歴史を娯楽として楽しみ、非日常として味わうという気楽さが、まさにこれらのホテルの登場によって具現化されたのである。

【ダウンタウンの繁栄】

当時のダウンタウンは、鉄道の街という要素と、開拓の街としての要素を持ち併せていた。カジノホテルは兵士、工場労働者、旅行客たちの娯楽施設として、プールや派手なショーはなくても、ギャンブルに熱中する人たちでごった返していた。この西部的要素はあくまでも昔からの名残であり、前述の二つのホテルのように、あえて開拓時代へのノスタルジーや西部への憧憬を喚起させ、売り物とすべくしつらえられたものではなかった。

例外としてパイオニアクラブ（1942年）は、あきらかに西部のスタ

イルを取り入れたカジノであった。加えてこのクラブのネオンサインは屋根をはるかに越える大きなもので、他のホテルを刺激した。こうしてダウンタウンに密集したネオンは、きらびやかさを増していった。一帯はグリターガルチ（輝ける渓谷）と名付けられ、近代的な華麗さと古き良き西部という二つの要素を兼ね備えた街づくりが推進されていった。

ダウンタウンの繁栄は、その反面、過密化と車社会への対応という二つの難問を引き起こした。土地と駐車場不足は、広大な敷地が望めるストリップへの進出を促したのである。

ストリップの確立——1940年代後半－50年代前半

大戦後の20年間は、内需拡大の好景気や各航空会社の乗り入れ・増便という背景の下に、ラスベガスが国内でも有数のリゾート地へと発展していく過程である。

1940年代前半からロサンゼルスで勢力を広げていたギャング組織は、40年代中頃からは徐々にその勢力範囲をラスベガスにまで及ぼすようになっていた。ダウンタウンのホテルもいくつかはそういった地下組織の経営となり、これから爆発的な発展期を迎えるストリップ地区の繁栄も、皮肉なことに彼らの暗躍のもとに成り立っていくのであった。

その地下組織とのつながりでも有名なホテル、そして今後のストリップの流れを決定的に方向づけたホテルが、1946年にオープンしたフラミンゴだった。伝説的なギャング、ベンジャミン・シーゲル（バグジー）によって建てられたこのホテルは、形態においては、ストリップに面した広大な敷地に低層階の宿泊棟を配するというモーテル形式であった。ニューヨーク生まれの彼は、地方色や大時代的な雰囲気を一掃し、時代を先取りする洗練されたリゾートホテルを目指した。プール、スパ、スカッシュコート、厩舎、射撃場、9ホールのゴルフ場等、多様なリゾート施設を備え、それらを巧みに演出することで砂漠の中の近代的オアシスホテルとしてのイメージを強烈に打ち出した。ここにラスベガスでの新しいリゾートの世界が切り開かれたのである。

フラミンゴ以降、1950年初頭までにストリップでは、特徴的な四つ

のホテルがオープンする。

サンダーバード……インディアンの神話上の鳥の名にちなんだこのホテルは，初めて車寄せ用の立派な庇を取り付け，その屋根にはサンダーバードを形取った大きな看板がそびえていた。これは単にホテルの名前だけを掲げたネオン看板とは異なり，建物と看板との一体化を試みるものであった。

デザート・インは，ウエスタンスタイルの中に近代的な雰囲気を取り入れ，フラミンゴと競うシックで豪華なリゾートホテルだった。美しくライトアップされたカジノではディーラーは正装し，ショーホールはロサンゼルスの有名クラブよりも広くとられていた。さらに，ドラッグストアをはじめブティック，美容室，託児室等が用意され，滞在中はホテル内ですべてがまかなえる小さな街としての機能が取り込まれた。

サハラは初めて全くの異国——北アフリカ——をテーマとしたホテルだった。ラクダの置物を配し，諸室をコンゴルーム，カスバラウンジ，キャラバンルームと名付けた。しかし，デザイン上では置物や装飾にその雰囲気を盛り込む程度にとどまった。

サンズ（砂）の，高さ17メートルの格子状の下地に美しくカーブを描くネオンサインは，一つのオブジェとして独立し，ストリップを代表する看板の第一作となった。これによって，スタイルの奇抜さや派手さを競い合うラスベガス特有のネオン合戦が始まってゆく。

ダウンタウンでもゴールデンナゲット，エルドラドといったカジノホテルがオープンし，「輝ける渓谷」の名前通りに，見事なまでのネオン合戦を繰り広げていた。

ホテルラッシュ——1950年代後半—60年代前半

これらに続く1950年代中頃には，アラビアをテーマにしたデューンズ，豪華なショーと高層ホテルの先駆けとなったリビエラ，ファミリーゲストをターゲットとして数個のプールを持つハシエンダがオープンし，ホテルラッシュが始まった。この余りに急速な拡張ぶりには疑問を抱く人々も少なくなかったが，そうした懸念を追い払うかのように，各ホテルは競ってF.シナトラ，サミー・デービス・Jr.，E.プレスリーら有名なエンターテイナーのショーを呼び物とした。ラスベガスのショービジネスは，ニューヨーク，シカゴ，ロサンゼルスの最高級クラブよりも高額な出演料を払うまでに成長していったのである。大仕掛けのマジック，パリ風のレビューやブロードウエーのショーの上演，ゴルフトーナメントをはじめとする各種スポーツイベントの開催……ラスベガスはギャンブルだけでなく，ショーやスポーツイベントのメッカともなりつつあった。過剰ともいえるホテルの連立も，ホテル同士の相乗効果をバネとして，第一級のリゾート都市としての地位をますます確かなものへとしていくのだった。

ダウンタウンでは，ネバダ州で最高の15階を誇る高層ホテル，フリーモントが建設された。カジノのオーナーの多くはストリップのホテルのオーナーと重なっていたが，リゾート客をメーンとするストリップの客層とダウンタウンの客層とは重なり合うこともなく，ストリップの発展がダウンタウンに及ぼす影響を心配する声は，まだあまり聞こえてはこなかった。

1957年にオープンしたトロピカーナは，フラミンゴからさらに南に1マイルほど離れたところに計画され，ハシエンダがはす向かいにオープンしていたとはいえ，砂漠のど真ん中にポツンと出現した。テーマは熱帯で，高級と洗練を旨とし，あえてラスベガスで最も高い宿泊料を設定して，ハリウッドや上流階級を主な客層とした。1961年にはネバダ州南部のカジノのなかで筆頭の利益をあげたという。

続いてオープンしたスターダストは対照的に，初めから大衆路線を打ち出し，当時世界最大級の1,000室という客室は，メガホテルの先駆となった。1日5ドルの宿泊料に対して同額のカジノ用コインを提供し，カジノへの集客を図った。ファサードの全面を覆う巨大なネオンサインは，ストリップにおけるネオン合戦の一つの頂点とも言われている。

1959年には，オフシーズン対策とレジャー目的以外の集客を図るために，大規模なコンベンションセンターが建設され，ラスベガスの経済に多大な貢献をした。

60年代に入ると，ストリップやダウンタウンではファサードの改装や客室棟の高層化がいたるところで行われた。カジノエリアはホテルの中心部を占め，客室へのエレベーターはいやがおうにもカジノエリアを通るように配置された。さらにストリップのホテルはシアター，会議室等を併設し，カジノをメーンとした総合ホテルへと脱皮しはじめる。ホテルは一つ一つが完結した世界を構成し，旅行者

ローマとサーカスの接点

シーザース・パレスとサーカス・サーカスは，ほぼ同時期にオープンしたが，前者は高級，後者は大衆と対極をなすものである。ところが両者を企画したのは，同一人物なのである。カバナ・モーテルチェーンのJ.サーノの夢は，ゲストを現実から幻想世界へと包み込むホテルを作ることだった。なお，彼はシーザース・パレスの前に，実験的に同様のホテルをカリフォルニアで小規模に建てていたという。

ハワード・ヒューズが見た夢

1966年の感謝祭の日，ラスベガス駅の手前で列車が臨時停車し，人知れずデザート・インのペントハウスに運ばれた人物がいた。謎に包まれた大富豪，ハワード・ヒューズである。以降，1970年にナッソーへ移るまで，彼の姿を見たものはいないという。今までのビジネスにうんざりしていた彼は，避難場所として若い頃に何度か訪れたラスベガスを選んだ。TWA航空を売った5億ドルの使い道は決まっていなかったが，彼は側近に宛てたメモにこう記している。「盛装した紳士と宝石や毛皮で着飾った御婦人がリムジンで乗り付けるという場面を，人々はラスベガスに期待していると思う。ここは決してアミューズメント・パークのように品位を落としてはならない所なのだ」。しかし皮肉なことに，彼の存在が大衆を呼び寄せる結果となった。そんな彼にとって，サーカス・サーカスの登場は悪夢であったにちがいない。

たちは，ストリップに沿って島のように点在するホテルの間を，気ままに車で移動してゆくようになる。

ストリップホテルの二つの方向性 —— 1960年代後半 －70年代前半

【テーマホテルの確立】

その名が示すとおり古代ローマをテーマとしたシーザース・パレス（1966年）は，名前ばかりが先行する従来のテーマホテルとは一線を画していた。テーマに対するこだわりと一流のサービスは，カジノホテルに高い格調を付与し，ラスベガスにおける豪華ホテルのあり方を提示した。正面からは華美なネオンや味気ない駐車場を取り除き，モーテルの雰囲気を一掃した。それに代わって正面を飾ったのはモニュメント的なローマ風彫像，回廊，大噴水である。徹底した異国趣味は，ここを通って奥まった車寄せに到着するゲストたちを荘重な錯覚で包み込み，より現実からの隔絶感を強調するものとなった。ストリップ沿いに立つ看板にはペディメントを頂くコラムが並び，歩道から遠くに位置するカジノへは動く歩道で人々を誘致した。1968年にオープンしたサーカス・サーカスは，客層の拡大という点で重要なエポックを作った。ターゲットはギャンブラーやリゾート客ばかりでなく，ファミリーゲストにまで拡大されたのである。「庶民的で子供も安心して滞在できるリゾート」が売り物となったのだ。ピンクと白の巨大な円形テントを形取ったこのホテルは，優雅さや豪華さからはかけ離れてはいたが，楽しげな遊園地風カジノホテルを提供した。規制に基づいて子供たちをカジノエリアから遠ざけるために，2階部分にはゲームセンターと入場無料のサーカスアトラクションが用意された。これは以後の無料アトラクションへの足がかりとなる。

これら二つのホテルは，高級・庶民的と性格は両極ではあるが，現実社会からは全く切り離された様式やファンタジーをホテル自体が徹底的に演出し，それを最大の呼び物としたという点で，共にラスベガスのテーマホテルというものを確立したといえるだろう。

【ホテルビジネスの変容】

アメリカの大富豪ハワード・ヒューズがラスベガスの住人になったのは1966年の末のことである。若い頃にフラミンゴをたびたび訪れていた彼は，シーゲルの夢と同様に，ドレスアップした人々が優雅にギャンブルを楽しむ高級でゴージャスなリゾート都市を目指して，ラスベガスのホテルビジネスに参加した。新たなホテルをオープンさせることはなかったが，わずか4年間の滞在期間に，彼は七つのホテルを買収した。そして彼の存在自体がラスベガスに，クリーンで健全なリゾート都市というイメージを与える結果となった。

また，大型化していくホテルの資金繰りが，個人オーナーでは持ちこたえられなくなってきたこと，個人にしか許可されていなかったギャンブルライセンスが，企業にも認可されるようになったことも加わって，大型ホテルチェーンが続々とラスベガスのホテルビジネスに参入し始める。それに伴い，約30年に及ぶラスベガスでのギャング組織の影が払拭され，現在のホテルビジネスへの歩みが加速されたのである。

60年代後半から70年代にかけては，ストリップのホテルのみならず，ダウンタウンでも40年代・50年代に建てられたホテルの拡張や宿泊棟の高層化，さらにホテルの買収や合併がさかんに行われた。

新しいホテルでは，インターナショナル（後のラスベガス・ヒルトン），ランドマーク，2,000室のMGMグランド（後のバリーズ）が次々とオープンし，メガリゾートシティへの弾みをつけていった。ラスベガスに進出してきた企業は，この街をスマートな都市型リゾートタウンへと導くために，ハワイやマイアミのリゾートに範をとったり，美的には無難でローコストなオフィスビルのような高層ホテルへと増改築していった。しかし客室数が爆発的に増えたとはいえ，味気ないタワーの増加は，逆に従来のファサードデザインやネオンサインの特異性を際立たせるものでしかなかった。

世界一のエンターテインメント・キャピタル —— 1980年代

大企業の進出によってラスベガスは，安心してギャンブルを楽しめるリゾート都市として定着した。相次いで開催されるスポーツのビッグイベントやトップスターによる豪華ショーは，エンターテインメント・キャピタルの地位を不動のものとした。

1968年のダウンタウン。車が時代を感じさせる。ザ・ミントはすでにない（撮影／高野浩毅）

海外からの旅行客の急増に呼応して，マッカラン国際空港の国際線ターミナルも増設された。ラスベガスを訪れる旅行者は，1980年から1990年の10年間に年間約1,000万人から2,000万人へと急増したのである。

旅行者の多様化に伴って，独立したショッピングモールやアミューズメントパークができはじめたが，好景気に支えられたこの時期は，ホテルは増築や改装にとどまった。ストリップに押され気味だったダウンタウンのホテルは，派手さばかりのネオンを改め，上品さと親しみやすさの両立するカジノセンターとして盛り返しを図った。

しかし経営者のなかには，さまざまな危機感が生まれてきていた。他の州でもギャンブルが認可されだしたこと，リピーターや新しもの好きの旅行者が個性に乏しい高層タワーや華やかさだけのカジノスペースに物足りなさを感じはじめたこと，等への懸念である。この10年間は，次の時代への模索と充電の期間となった。

虚構の都市へ——1989年〜現在

現在のテーマホテル建設ラッシュのスタートを切ったのは，高級志向のザ・ミラージュ(1989年)と大衆路線のエクスキャリバー(1990年)である。

南洋の楽園をテーマとしたザ・ミラージュでは，巨大な温室や色鮮やかな熱帯魚がゲストを迎える。ストリップに面したラグーンにそびえる火山のショーは，歩道サイドの無料アトラクションの先駆けとなった。

ホテル同士が接近するにつれ，旅行者は車ではなく自分たちの足でホテルを渡り歩くようになり，ホテル周りの屋外アトラクションや，歩道サイドのディスプレイが充実してゆく。ハイウエー沿いのモーテル型リゾートとして成長してきたストリップのホテルは，一つ一つのホテルが孤立していた時代を脱したのである。

エクスキャリバーは，中世のアーサー王物語をテーマとし，メジャーホテルとしては破格に安い宿泊料を設定して，家族連れの集客を狙った。ノイシュバンシュタイン城をイメージしたといわれる外観は，エレガントや豪華という雰囲気は感じられないものの，ラスベガスが旅行

者にとって，気楽で肩の力が抜けるリゾート都市であるということを物語っている。

ラスベガスは，こうした念入りな作り事や毒々しささえも人気アイテムとして享受してしまうほどに，現実社会とはかけ離れた，バーチャル性を楽しむリゾート都市としての歩みを続けていくこととなる。

以降，トレジャーアイランド，ルクソール，MGMグランド，ニューヨーク・ニューヨーク等がオープンし，現在もなおベラジオ，パリス，ハシエンダ，そして6,000室のサンズと，建設計画は日々進められている。

＊＊＊＊＊＊＊＊＊＊＊＊

今日私たちは，巨大なハリボテのライオンを横目に，マンハッタンの摩天楼をとりまくローラーコースターの悲鳴を聞きながら，モンテ・カルロへと向かい，エッフェル塔を探す。後ろには，古城とピラミッドが控えている。遠く火山の隣に海賊が出没し，地上300メートルから空に向かって人が打ち上げられる。

テント・ホテルから第一歩を踏み出した世界一のエンターテインメントキャピタル・ラスベガスは，21世紀にはどんな姿で私たちを熱狂させてくれるのであろうか。

●参考文献

"VIVA LAS VEGAS" by Alan Hess
Chronicle Books, 1993

"Las Vegas As it began-as it grew" by Stanley W.Paher
Nevada Publications, 1971

"Las Vegas" … THE ENTERTAINMENT CAPITAL by Donn Knepp
Lane Publishing, 1987

"Las Vegas" by Wayne Newton
Universe Publishing, 1996

"econoguide … Las Vegas,Reno,Laughlin, Lake Tahoe"
Contemporary Books, 1997

"Las Vegas" …THE STORY BEHIND THE SCENERY
KC Publications, 1995

『最後の楽園…歓楽郷ラスベガス』(The Green Felt Jungle)
Ed Reid & Ovid Demaris 田中淑郎訳 筑摩書房, 1967

『アメリカの地域・合衆国の地域性』井出義光編 弘文堂, 1992

『概説アメリカ史』有賀貞，大下尚一編 有斐閣選書, 1979

『アメリカ西部開拓博物誌』鶴谷寿 PMC出版, 1990

ベガス・ヴィック Vegas Vic

ラスベガスのネオンで有名な「くわえタバコのカウボーイ」には，ベガス・ヴィックという名がついている。1945年，商工会議所は街の観光地化促進を掲げ，47年に西部的イメージを強調するためにカウボーイを街のシンボルとした。以降，西部一帯でこの「陽気な野郎・ベガス・ヴィック」が広告等に広く使用されるようになった。

ラスベガスの出来事・主なホテル等の開設	年代	世界情勢 他
	1536	コルテツ，カリフォルニアを発見
	1769	スペインのカリフォルニア統治開始
	1776	アメリカ独立宣言
スペイン隊商のR.リベラ，ラスベガス発見	1829	
	1848	ゴールドラッシュ始まる
ラスベガス経由，郵便ルート開設（月に1回）	1854	
モルモン教徒，ラスベガス・ミッション設立	1855	
ラスベガスにブリングハースト郵便局開設	1856	
	1861	南北戦争（～1865）
	1864	合衆国36番目の州，ネバダ州成立
ラスベガス周辺地域，ネバダ州に属する	1867	
州議会，ギャンブル禁止令を廃止	1869	
ダウンタウン地区分譲開始	1905	
ギャンブル禁止令制定	1909	
商工会議所設立	1911	
	1914	第一次世界大戦（～1918）
	1919	グランドキャニオン，ザイオン国立公園制定
ウエスタン航空のラスベガス線就航	1926	
	1929	大恐慌
ギャンブル解禁，メドウズクラブ，ノーザンクラブ	1931	フーバーダム建設開始（1936運転開始）
ホテル・アパッチ	1932	
ボールダークラブ	1934	
	1939	第二次世界大戦（～1945）
エル・ランチョ・ベガス	1941	後のネリス空軍基地設立
パイオニアクラブ，ラストフロンティア	1942	マグネシウム工場・ヘンダーソン操業
ゴールデンナゲット，エルドラド，フラミンゴ	1946	
サンダーバード	1948	
デザートイン	1950	
	1951	ユッカ平野で核実験開始
サハラ，サンズ	1952	
リビエラ，デューンズ	1955	
フリーモント，ハシエンダ	1956	
トロピカーナ	1957	
スターダスト	1958	
ラスベガス・コンベンションセンター	1959	
シーザース・パレス，アラジン，フォー・クイーンズ	1966	
サーカス・サーカス	1968	
ランドマーク，インターナショナル（現ラスベガス・ヒルトン）	1969	
MGMグランド(現バリーズ)	1973	
ファッションショー・モール	1979	
ザ・ミラージュ	1989	
エクスキャリバー	1990	
ザ・フォーラム・ショップス	1992	
トレジャーアイランド，ルクソール，MGMグランド，グランド・スラムキャニオン	1993	
ハードロック，フリーモント・ストリート・エクスペリエンス	1995	
ストラトスフィア，モンテ・カルロ	1996	
ニューヨーク・ニューヨーク，ショーケース：コカコーラ	1997	

＜ラスベガス周辺地図＞

Affairs & Major Hotels in Las Vegas	Year	The World & Peripheral Situation
	1536	Cortez discovered lower California
	1769	Spain ruled over California
	1776	The Declaration of Independence
R.Rivera,a Spanish trading scout,discovered Las Vegas	1829	
	1848	Gold Rush
A mail route was established through Las Vegas	1854	
Mormons established the Las Vegas Mission	1855	
The first official post office Bringhurst opened	1856	
	1861	The Civil War （～1865）
	1864	Nevada the 36th member of Union
Las Vegas Valley was included in Nevada	1867	
The state legislature repealed prohibiting gambling	1869	
Town of Las Vegas was established by auctioning of land	1905	
Legislature prohibited gambling	1909	
The Chamber of Commerce was established	1911	
	1914	The World War I （～1918）
	1919	Grand Canyon National Park,Zion
Western Air Express began carrying passengers to Las Vegas	1926	-National Park were established
	1929	Financial Crisis
Gambling was legalized	1931	Hoover Dam construction started
Medows,Northern Club opened	1931	（It was operated in1936）
Apache opened	1932	
Boulder Club	1934	
	1939	The World War II （～1945）
El Rancho Vegas	1941	The Las Vegas Army Air Field
Pioneer Club, Last Frontier	1942	The Henderson magnesium plant
Golden Nugget, Eldorado, Flamingo	1946	
Thunderbird	1948	
Desert Inn	1950	
	1951	Atomic testing was started at Yucca
Sahara, Sands (-slogan: A Place in the Sun)	1952	
Riviera, Dunes	1955	
Fremont, Hacienda	1956	
Tropicana(-slogan: The Tiffany of the Strip)	1957	
Stardust	1958	
Las Vegas Convention Center	1959	
Caesars Palace, Aladdin, Four Queens	1966	
Circus Circus	1968	
Landmark, International(Las Vegas Hilton)	1969	
MGM Grand(Bally's)	1973	
Fashion Show Mall	1979	
The Mirage	1989	
Excalibur	1990	
The Forum Shops	1992	
Treasure Island, Luxor, MGM Grand, Grand Slam Canyon	1993	
Hard Rock, Fremont Street Experience	1995	
Stratosphere, Monte Carlo	1996	
New York-New York, Showcase : Coca-Cola	1997	

<Las Vegas Area Map>

to Salt Lake City

0   10   20   30 mile

15

San Francisco 400mile

Santa Fe 500mile

Los Angeles 230mile

Army Air Field

to Grand Canyon

Las Vegas

Las Vegas Springs

Lake Mead

Henderson

Boulder City
Hoover Dam

to Los Angeles

HISTORY OF LAS VEGAS
···The story of glittering streams.

Michiko ENOMOTO

"A small oasis in the desert"

The story begins in the middle of the 19th century. A few years before the Gold Rush mushroomed. It was only May, but an army lieutenant John C. Fremont and his expedition were exposed the severe sunshine of the Mojave Desert. Under such a merciless climate, the cattle they took with them started to die one after another. For many days, all the party could see was the endless reddish brown desert. One day their guide pointed out a mirage beyond the dusty desert. That phenomenon was a real oasis. Yet, it took a while for them to believe that the miracle could happen right before them under such severe circumstances. As they approached, they could see the oasis was overgrown with tall grass like sagebrushes. Finally, the sight of the glittering fresh spring water revitalized the Fremont party.

The place was named in Spanish --- Las Vegas, which meant "The Meadows." This phenomenal oasis, which was once the bottom of a lake, was probably a sign to the Fremont Party that this was very fertile land. Yet, who could imagine such a remote place would become a fabulous big city within 100 years?

"Starting as a lodging town" *the 19th century*

It has been said that the first Caucasian to set foot on the land was a Spanish scout named Rafael Rivera. In 1829, Rivera discovered the oasis which was only known among Native Indians as a shortcut on the path between California and Santa Fe. Since then, the oasis became a resting place for caravans.

After 1850, roads were improved to establish an intermediate mail road between Salt Lake City and San Diego, and an adobe fort was constructed to be the headquarters of the Mormons to propagate Christianity to Native Indians. Three years later, the Mormon settlers had to abandon their initial plan and left Las Vegas behind. After the Mormons, there was O.D. Gass, from Ohio, who built a ranch called Las Vegas Ranch in the adobe fort. Aside from its abundant natural resources like as plentiful water and numerous artesian wells, the national transcontinental railroad plan and mining booms contributed much to the growth of the town. Las Vegas began to develop step by step as a lodging town.

"A path to the entertainment quarters"
1905 to 1930

In the beginning of the 20th century, Las Vegas Ranch and its water rights were owned by Montana senator W. Clark. In 1905, Clark divided a section of land that was in front of the junction of the San Pedro - Los Angeles & Salt Lake Railroad into 40 blocks. Then he started to sell that land in lots. A 30-room canvas-topped hotel was built for the auction at that time, which now is known as the first hotel in Las Vegas. A year later when the railroad track was laid, Las Vegas became a railroad town. The main street was lined with a bank, drug store, saloons, etc. One could recognized the town's transformation from an "oasis" to one of merchants, travelers, and workers. According to record, there were already six hotels and eleven saloons in the town by 1909.

In 1911 the Las Vegas Chamber of Commerce was established, which set forth a plan to make Las Vegas a Western resort area, under the slogan of "Still a frontier town." At that time, Las Vegas still created an atmosphere of the wild western frontier --- far from the daily life of others. That was still able to incite a city-dweller's adventurous spirit and nostalgia. In 1925, the Overland Hotel, which included automobile show rooms, opened to popularize automobiles. At the same time, the town paved its roads; and moreover, the Salt Lake-Los Angeles auto road was improved. The establishment of The Grand Canyon and Zion National Parks and new Las Vegas Airline services and other urbanization projects accelerated to develop Las Vegas as a pleasure resort.

Once again, Las Vegas was perceived as an oasis in the desert, and the town was filled with a sense of relief and freedom. Originally, the place was discovered as a frontier district. Therefore people assumed that no tight government supervision would be present in the town. As a result, the assumption brought gambling which was banned after 1909, the sale of intoxicating liqueurs under Prohibition between 1920 and 1933, and the employment of a license system for brothels. Frankly speaking, so-called social evils were tacitly permitted in the town. Las Vegas' pleasure quarters started and developed right in front of the railroad station.

"Turning point" *The 1930s*

In 1931, a big transition affected the town: the Hoover Dam construction and the legalization of Wide-open gambling. 1931 was the year that witnessed the birth of today's Las Vegas and its rigid foundation as an entertainment town.

The Hoover Dam was constructed 40km southeast of Las Vegas. The main purpose of the dam construction was to control the water level and to provide electricity to the western district. Along with the construction, the Boulder Highway between Fremont Street and the dam underwent its expansion. Boulder City was built for those projects. Over 5,000 workers and their families moved into the community. They surely did help the growth of the community. In 1936, the world's largest dam and the artificial Lake Mead opened and would soon be recognized as Western tourist sights. The inexpensive electricity provided from the dam would later be employed for Las Vegas' neon and the large capacity hotels' air conditioners. Furthermore, the abundant water supply from Lake Mead started to moisten the grand desert. The dam accelerated the development of the town in terms of increasing its population, attracting tourists and visitors, the water and electricity supply.

It can be suggested that the essential purpose of legalizing gambling was to help recover the Nevada economy recover from the Great Depression of 1929. In 1931, the first one to obtain the town's gambling license was the Northern Club on block 16. From that point on, many hotels were built along the Boulder Highway: A Spanish colonial style hotel called The Meadows Club. The Apache a three-story hotel with elevators that offered the town's first 100 rooms. And the Boulder Club, the first hotel to install neon signs. As time passed, the town became very active. Since Las Vegas remained open all night, the town would soon be called

"The city without clocks."

In the same year, Nevada state established a new marriage law to make marriage and divorce easy. Many couples went to Las Vegas' churches to get married. The new law brought a new wave to the town. The removal of the Dry Law in 1933 also helped to revitalize the town.

Another important matter was the change in the class of the visitors. By the 1930s, automobiles had come into wide use. Since Las Vegas was 7 hours away from Los Angeles by car, the upper class who lived on the West Coast began to pay attention to the emerging new resort town. The town offered gambling, a trip to a Native Indian reservation by Cadillac, and golfing in the middle of the desert. Many celebrities from Hollywood started to hold movie premiers and threw wild Hollywood style parties in Las Vegas as well. The town was facing its turning point; the more focused people of the town now covered not only rough fellows, but sophisticated luxury-loving city dwellers as well.

"The growth of the town" *The early 1940s*
The benefits of World War II

The rapid growth of the town during the period of the Hoover Dam construction and legalized gambling in the 1930s seemed to be settling by the end of the 1930s. However, the outbreak of World War II brought an increase in population to the town again.

In early 1940, when Las Vegas leased land to the U.S. Army, many soldiers started to move into the station. Moreover, World War II created a great demand for magnesium. The fact that magnesium was abundant and water and electricity was inexpensive urged the Federal government to build a grand-scale magnesium plant and Henderson Community 25km southeast of Las Vegas. After the war, the magnesium mine was closed, but many workers remained in the town. The population boom consolidated the foundation for new growth in Las Vegas during the post war period.

Entering the Strip and the introduction of themed hotels

Route 91 runs from downtown Las Vegas toward Los Angeles is usually called the Strip. By the 1940s the Strip was no more than a wide road in the desert with a handful of gas stations, billboards, and casinos. It was Los Angeles hotel king T. Hull who first took note of the barren road in the desert. Hull was certain that Las Vegas would soon become an automobile society instead of railroad town. He purchased a huge parcel of land on the Strip just beyond the city line. Due to its location the land was free from tax. Then he started to build a large motel which was called El Rancho. By that time, there were at least 26 small-sized motels in the town. Hull's El Rancho Vegas opened in 1941. A Spanish style hotel that offered a large parking lot, a large lobby with a casino, a show hall, an outdoor swimming pool, a windmill like sign board, and lawns. It was a landmark moment which challenged the former casino style hotels. El Rancho presented a new prototype of highway resort motel. The hotel originally offered 50 rooms, but Hull soon expanded the hotel to 110 rooms. Many Hollywood celebrities visited the hotel as regular guests, and the hotel began to establish its foundation as a resort place for visitors from Los Angeles.

One year after Hull's achievement in 1942, R.E. Griffith, who was an influential person in the town, built a large-sized western styled motel, the Last Frontier, a mile south of El Rancho Vegas. Wing-shaped buildings that stretched from the main building contained 107 rooms and 400 parking spaces. Its lobby was decorated with the frontier motif. A wagon wheel-shaped chandelier was mounted on the restaurant's ceiling. And there were many entertaining shows held by famous stars. In order to enhance the western theme, the hotel offered pick-up service from the airport to the hotel by carriage driven by a western costumed driver. Moreover, a swimming pool located in front of the hotel served as a reminder that the town was originally an oasis in the desert to drivers who passed by along the Strip.

Those two hotels on the Strip carried their own themes such as "Spain" and "Frontier." Those themes were profoundly related to the history of Las Vegas. It might be said that the American pleasure principle state of mind was perfectly embodied in the emergence of those hotels.

The prosperity of downtown

At that time, downtown had two features: Las Vegas as a railroad town and Las Vegas as a frontier town. Although there were no swimming pools or shows, the casinos and hotels were always filled with soldiers, blue collar workers and tourists. They were absorbed in gambling. One might see traces of the old days --- the days of the wild frontier. Until the El Rancho and the Last Frontier, none of the hotels in Las Vegas were designed to stir up people's nostalgia toward frontier.

There was one exception. The Pioneer Club which was established in 1942 apparently carried a western theme through its casino. Moreover, its large neon sign above the roof urged other hotel owners to install neon signs on their hotels. Numerous neon signs soon illuminated the town. And the town began to be called "The Glitter Gulch." Business and influential people in the town attempted to create a town which carried both a modern glamorous feature and traces of the old days.

Downtown Las Vegas became prosperous; however, that brought two serious problems to the surface: Overpopulation and the excess number of automobiles. As a result, in order to solve the matters, business owners and others started to develop the Strip where still plenty land was available.

"Establishment of the Strip"
The end of 1940s- the early 1950s

For two decades after the World War II, Las Vegas went through a stage of development. Due to a booming economy caused by increasing domestic consumption and new airline services, Las Vegas became one of the resort spots in the U.S.

Los Angeles' gangsters, who had acquired power by the early 40s, began to shake Las Vegas in the middle of the 1940s. Several hotels downtown became operated by the underground. Ironically, the future prosperity of the Strip was really dependent on those gangsters' maneuvers behind the scenes.

It was in 1946 that a prototype hotel the Flamingo opened. The Flamingo was operated by a legendary gangster, Benjamin Siegel

(Bugsy.) The motel style hotel was located on a large parcel of land on the Strip and Siegel as a New Yorker, attempted to create a fashionable sophisticated resort hotel. The Flamingo offered a swimming pool, spa, squash court, stables, trap shooting, 9 hole golf course and other various resort facilities. The amenities would help to enhance the idea of the Flamingo as a modern oasis in the desert. One could say that it was the presence of the Flamingo which introduced a new resort realm to the history of Las Vegas.

By the early 1950s, four more remarkable hotels opened on the Strip.

The Thunderbird ---- named after a legendary Native Indian bird. The first Las Vegas hotel to build a grand porte cochere. Above its roof, there was a thunderbird-shaped billboard. Unlike other hotel neon signs standing by themselves, this billboard was an attempt to unite both the building and sign.

The Desert Inn ---- a chic, yet luxurious resort hotel, and a rival of the Flamingo. The hotel offered a modern atmosphere in the western style setting. In a beautifully illuminated casino, dealers were in full dress, and its show hall was much bigger than famous clubs in Los Angeles. The hotel included a drug store, boutique, beauty salon, childcare center, and more. Basically, the hotel offered everything that one might need or desire during one's stay.

The Sahara ---- the first hotel to take its theme from a foreign country, North Africa. Rooms were named, for instance, Congo room, Casbah Lounge, or Caravan room. Accented with camel ornaments, the hotel attempted to create an African mood.

The Sands ---- a 17-meter tall neon sign which was regarded as the first neon masterpiece in Las Vegas. From that point on, each hotel started to compete via its neon sign in terms of originality and its flashy decorations. The opening of Golden Nugget and the Eldorado in downtown Las Vegas accelerated such a neon sign war which became known as "the Glitter Gulch."

"Hotel rash" *Between the end of the 1950s and the early 1960s*

In the middle of the 1950s, three other hotels opened: An Arabian-themed hotel, the Dunes. The Riviera which was known for its magnificent entertainment and a towering building. The Hacienda which offered several swimming pools for family guests. Hotel construction began to mushroom in Las Vegas. Some people were skeptical tough about such rapid growth for Las Vegas. It was as if to chase all anxieties from people's mind, each hotel would compete with the other hotels by holding spectacular shows by famous entertainers like Frank Sinatra, Sammy Davis Jr., or Elvis Presley. In general, Las Vegas' show business ended up paying much more high guaranty than most of the prestigious clubs in New York, Chicago, or Los Angeles. Large scale magic shows, Paris style revues, Broadway shows, golf tournaments, and other sport's events were held in Las Vegas as well. The town became known not only for gambling, but shows and sport's events. Furthermore, even the excess number of hotels helped to confirm Las Vegas' reputation as a first class resort.

In 1956, a 15-story tower, the Fremont opened. It was the tallest hotel in Nevada back then. Most of the casino owners also possessed hotels on the Strip. The rapid growth of the Strip had not yet worried those owners since there was a difference in prospective guests between downtown casinos and the hotels on the Strip.

In the end of the 1950s, the Tropicana opened in the middle of the desert one mile south of the Flamingo. The tropical theme was carried throughout this sophisticated and expensive hotel. Boldly, the management set the highest hotel charges in order to attract the guests from Hollywood and the upper class. In 1961, the hotel made the highest profit among the casinos in southern Nevada.

Unlike the Tropicana, the Stardust was opened with 1,000 rooms for the general public. This pioneering hotel attempted to magnetize guests to its casino by providing a $5.00 casino coins for each $5.00 room charge. It is said that the giant neon sigh which covered the entire surface of the hotel facade was the product of the neon sign war.

In 1959, a large convention center was built to generate profit during the off season and to cultivate a new market --- new guests besides tourists. The Las Vegas Convention Center made a huge contribution to the economy of Las Vegas.

In the early 1960s, much construction and renovations took place downtown and on the Strip. Many hotels moved casino areas to the entrance of the hotels. In order to go to their rooms, guests had to go through the casino areas. Moreover, hotels on the Strip began to construct theaters, conference rooms, and eventually transformed into multi-function hotels with a casino. Each hotel created their own world and dotted like a small island in the ocean. Visitors were simply able to enjoy their difference while cruising around town.

"The Strip ---- its two directions"
The end of the 1960s through the 1970s
The establishment of themed hotels

As its name revealed, Caesars Palace opened in 1966 and carried an ancient Roman theme. Unlike other themed hotels, the hotel was able to produce a high class atmosphere by exhaustively following its theme and by providing first class services. Caesars Palace exemplified the way in which a luxurious hotel should be in Las Vegas. In order to sweep away the stereotypical motel looking image of Las Vegas hotels, flashy neon signs on the facade and plain parking spaces were removed from the blueprint of the construction. Instead, Roman style monumental statues, corridors and fountains were set in front of the hotel. Once a guest arrived at the hotel entrance, an exhaustive exoticism pulled them into the illusionary of ancient Rome. On the Strip, pediment-top and column-bottom shaped billboard were lined up, and an automated sidewalk carried guests into the casino.

Circus Circus opening in 1968 played an important role for Las Vegas in terms of the expansion of guest type categories. Circus Circus was able to attract not only gamblers, but families as well. The hotel became known as a family type of resort hotel. The giant pink and white tent shaped hotel was apparently far from being elegant or luxurious. Instead, the hotel offered an amusement style casino space. In order to separate gamblers from children as required by law, the hotel included play rooms and a circus arena, which was free of charge, on the second floor. This, in fact, led to establish free attraction in future Las Vegas businesses.

Those two hotels, the luxurious Caesars Palace and the moderate Circus Circus were opposites. Both hotels, however, definitely produced fantasy worlds which were isolated from reality. Moreover, they used fantasy as their chief attraction. In that respect, it can be suggested that they established themed hotels in Las Vegas.

Changes in the Las Vegas hotel business

In the end of 1966, an American millionaire Howard Hughes became a resident of Las Vegas. Hughes, who often visited the Flamingo when he was young, entered the Las Vegas hotel business only to realize that his dream, like Siegel, was to make Las Vegas a luxurious and gorgeous resort town full of well-dressed up sophisticated guests. Although Hughes did not even open any new hotel, during his four year stay in Las Vegas, he bought seven hotels. It was said that he was able to create a new image for Las Vegas: Clean and healthy resort town.

As hotels became larger or bigger, raising capital for individual owners became harder. Furthermore, the gambling license which used to be permitted only to individuals or small partnerships became available to corporations. As a result, those factors allowed large hotel chains to enter the hotel market in Las Vegas. Along with the emergence of large corporations, Las Vegas gangsters, who controlled the businesses for over thirty years disappeared. The fact resulted in accelerating the current style of hotel business.

From the end of the 1960s to the 1970s, not only the hotels on the Strip, but the downtown hotels which were built between the 40s and the 50s underwent both vertical and horizontal expansion. There was much consolidation of ownership occurring as well. Many new hotels opened like the International (later The Las Vegas Hilton,) the Landmark, the 2,000-room MGM Grand (later The Bally's). Las Vegas rapidly grew as a mega-resort town. New corporations that entered Las Vegas attempted to make Las Vegas a stylish urban resort town by studying the hotels of Hawaii and Miami. And building low cost and boring office towers. Even though the total number of hotel rooms drastically increased, the fact that increasing with such plain towers only made existing unusual facades and flashy neon signs conspicuous.

"The world best entertainment capital"
The 1980s

During the 80s, the large corporation's market operations helped Las Vegas to gain a reputation as a safe gambling resort. Big sport's events and spectacular entertainment shows by top starts secured Las Vegas position as an entertainment capital.

McCarran International Airport's international terminal was expanded due to the increase in the number of tourists from all over the world. Between 1980 and 1990, the number of visitors and tourists drastically increased from 10,000,000 to 20,000,000. Along with the variety of tourists, independent malls and amusement parks were also constructed. On the other hand, hotels only underwent expansion and renovations. The hotels downtown tried to regain the popularity that had been taken away by the Strip, by eliminating flashy neon signs, and by creating an atmosphere which had both elegance and friendliness in casinos.

Some owners grew very anxious when the realized that other states began to permit wide-open gambling and clients who always sought something new started to feel dissatisfied with the plain towers and gorgeous casinos. It can be said that this decade was considered as a charging period for Las Vegas for its future.

"A path to a fictional city" *From 1989 to today*

It was the luxury hotel the Mirage (1989) and the moderate hotel Excalibur (1990) that made the current hotel-rash start. With a tropical oasis as the hotel theme, the Mirage offers a big atrium and tropical fish. The hotel's volcanic show is regarded as the pioneer of free attractions among the many shows performed on the Strip. The more hotels constructed, the more tourists that walk around each hotel. Along with the change, outdoor attractions around the hotels and displays on the sidewalk improved things. Here, one can recognize the relationships among the hotels on the Strip, which originally grew as independent and isolated motels.

The theme of Excalibur is the medieval Arthurian legends. In order to attract families, the hotel sells a room at a great bargain. The hotel was built based on the image of a Bavarian chateau, Neuschwanstein. Because Excalibur's appearance does not carry elegance and luxury, this fact interestingly makes tourists feel casual and relaxed, and makes them realize that Las Vegas is a resort town. Amazingly Las Vegas has come to have a capacity to transform any kind of fiction into a popular item. Las Vegas continues to make progress as a virtual resort city.

Since then, Treasure Island, Luxor, the MGM Grand, New York-New York and other hotels opened, and more hotels such as Bellagio, Paris, Hacienda and a 6,000-room hotel the Sands' construction plans are making progress day by day.

. . . .

Today, another tourist is wandering around this huge fantastic world with a giant lion, roller coasters travel the circumference of skyscrapers of Manhattan, Monte Carlo, a mediaeval chateau, and a pyramid on the glittering Strip. Here, one can even encounter pirates next to a volcano, and watch people who are shot up to the sky from 300 meters above the ground at the same time.

The world's best entertainment capital, Las Vegas originally started with the presence of a mere tent hotel. In the coming twenty-first century, in what way will Las Vegas excite and provoke our imagination and ourselves?

Bibliography
Hess, Alan. Viva Las Vegas. Chronicle Books San Francisco, 1993.
Knepp, Donn. Las Vegas - The Entertainment Capital. Sunset Books, 1987.
Paher, Stanley W.Las Vegas As It Began-As It Grew. Nevada Publication, 1971.

ザ・ラスベガス

収録作品データ

ニューヨーク・ニューヨーク（P6）

住所：3790 LAS VEGAS BOULEVARD SOUTH, LAS VEGAS NEVADA 89109

電話：702-740-6969　Toll Free/1-800-693-6763

オープン：1997年1月3日

オーナー：MGM GRAND, PRIMADONNA RESORTS

アーキテクト：GASKIN and BEZANSKI

インテリアデザイナー：YATES-SILVERMAN

敷地面積：81,000㎡

カジノ面積：7,800㎡

パブリックエリア面積：26,900㎡

総客室数：2,035室(客室棟47階建て)

駐車台数：4,000台

総工費：4億6,000万ドル

主な付帯施設：ローラーコースター「マンハッタン・エキスプレス」／最高地点62m、最高落差44m、収容客数1時間に約1,000人、最高速度時速108km

その他：エンパイアステートビル158.7m47階　センチュリービル124.8m41階　シーグラムビル35階　55ウオータータワー36階　レバーハウスソープ29階　市庁舎29階と24mのタワー　AT&Tビル26階　クライスラービル157.5m42階　CBSビル29階　自由の女神45m　ブルックリン・ブリッジ長さ90m 高さ15m

ストラトスフィア（P19）

住所：2000 LAS VEGAS BOULEVARD SOUTH, LAS VEGAS NEVADA 89104

電話：702-380-7777　Toll Free/1-800-998-6937

オープン：1996年4月29日

オーナー：GRAND CASINOS, STRATOSPHERE COOP

アーキテクト：GRAY NELSON ARCHITECT

インテリアデザイナー：PAUL STEELMAN

カジノ面積：9,000㎡

ホテル面積：31,860㎡

ショップ面積：13,500㎡

総客室数：1,500室(うちスイートルーム120室)

総工費：5億5,000万ドル

主な付帯施設：70店舗からなるショッピングモール　ストラトスフィア・タワー

その他：「ストラトスフィア・タワー」は支柱のないタワーとしては米国一。高さ約345mは135階建ての建物の高さに匹敵する。タワーの上には1時間に1回転し360度の眺望が楽しめる「トップ・オブ・ザ・ワールド・レストラン」、四つのウエディングチャペル、地上273mの高所を走るローラーコースター「ハイ・ローラー」、地上276mから324mの地点まで48m上昇し、重力で落下する「ビッグ・ショット」がある。

INSIDE LAS VEGAS-1

右は奇数，左は偶数

ラスベガスの住居表示、とりわけザ・ストリップ沿いのそれはいたって単純明快だ。マッカラン国際空港を背にしてダウンタウンに近づくにしたがって、数字は少なくなってゆく。データにもあるように空港側の「ニューヨーク・ニューヨーク」が3790であるのに対し、ダウンタウンに近い「ストラトスフィア」は2000といった具合である。なおかつ、空港側からダウンタウンに向かって、ザ・ストリップの右側にある建物の住居表示は奇数、左側は偶数というようになっていることも要チェック。とはいえ、一つ一つのホテル&カジノの規模はご存知の通りなので、住所を頼りに目的のホテル&カジノを探すということは少なくともラスベガスではないだろう。

モンテ・カルロ（P27）

住所：3770 LAS VEGAS BOULEVARD SOUTH, LAS VEGAS NEVADA 89109

電話：702-730-7777　Toll Free/1-800-311-8999

オープン：1996年6月21日

オーナー：CIRCUS CIRCUS ENTERPRISES, MIRAGE RESORTS

アーキテクト：GASKIN and BEZANSKI

インテリアデザイナー：DOUGALL DESIGN

敷地面積：170,000㎡

カジノ面積：9,000㎡

総客室数：3,014室(うちスイートルーム259室／客室棟32階建て)

総工費：3億4,400万ドル

主な付帯施設：レストラン6店舗　210席のフードコート　リテールショップ(2,000㎡)　コンベンションスペース(1,400㎡)　プールエリア(2,000㎡)

バリーズ（P34）

住所：3645 LAS VEGAS BOULEVARD SOUTH, LAS VEGAS NEVADA 89109

電話：702-739-4111　Toll Free/1-800-634-3434

オープン：1973年12月5日

オーナー：BALLY'S GRAND, BALLY'S ENTERTAINMENT

敷地面積：178,000㎡

カジノ面積：6,100㎡

総客室数：2,814室(うちスイートルーム265室／客室棟26階建て)

主な付帯施設：レストラン&カフェ6店舗　BALLY'S 22nd. CLUB(VIPラウンジ)　コンベンション(1,650㎡)　スパ(1,000㎡)　JUBILEE THEATER(1,038席)　CELEBRITY ROOM (1,045席)

その他：BALLY'S PLAZA(1,450万ドル／1994年7月オープン)　MGM Grand-BALLY'S MONORAIL(2,500万ドル／1995年6月オープン)

リビエラ（P42）

住所：2901 LAS VEGAS BOULEVARD SOUTH, LAS VEGAS NEVADA 89109

電話：702-734-5110　Toll Free/1-800-634-6753

オープン：1955年4月20日

マネージメント：WILLIAM WESTERMAN

カジノ面積：10,000㎡

総客室数：2,100室(客室棟24階建て)

駐車台数：1,600台

主な付帯施設：レストラン6店舗　カクテルラウンジ3店舗　ショッピング街16店舗　コンベンション(10,000㎡)　SPLASH THEATER(1,000席)　CRAZY GIRLS(400席)　スイミングプール　テニスコート

エクスキャリバー（P50）

住所：3850 LAS VEGAS BOULEVARD SOUTH, LAS VEGAS NEVADA 89109-4300

電話：702-597-7777　Toll Free/1-800-937-7777

オープン：1990年6月19日

オーナー：CIRCUS CIRCUS ENTERPRISES

アーキテクト：VELDON SIMPSON A.I.A.

インテリアデザイナー：YATES-SILVERMAN

敷地面積：473,850㎡

カジノ面積：9,000㎡

ホテル面積：45,000㎡

総客室数：4,032室(客室棟28階建て)

駐車台数：1,800台

総工費：2億9,000万ドル
主な付帯施設：レストラン6店舗　ウエディングチャペル
　　2カ所　プール(800人収容可能)　KING ARTHUR'S
　　ARENA(900席)
その他：正面通路右手の池で繰り広げられるドラゴンと
　　魔法使いマリーンのショーは毎夕6時30分から1時間
　　ごとに演じられる。強風時は中止。

ザ・フォーラム・ショップス・アット・シーザース（P58）

住所：3500 LAS VEGAS BOULEVARD SOUTH, LAS
　　VEGAS NEVADA 89109
電話：702-893-4800
オープン：1992年5月11日
オーナー：SIMON PROPERTY GROUP, GORDON
　　GROUP HOLDINGS
アーキテクト：DOUGALL DESIGN ASSOCIATES
施工：MARNELL CORRAO ASSOCIATES
敷地面積：34,000㎡
リテール面積：22,300㎡
総店舗数：72店舗
総工費：9,500万ドル
営業時間：日曜～木曜／午前10時～午後11時
　　　　金曜・土曜／午前10時～深夜
その他：地中海の空を再現した通路の天井は時間を追う
　　ごとに朝、昼、夜と変化し、1時間で一日の変化が楽
　　しめる。また、「フェスティバル・ファウンテン」には
　　中央に歓喜とワインの神バッカス、それを取り囲むよ
　　うにしてアポロ、ヴィーナス、プルートス等の神々が
　　立っている。朝10時から毎時ごとに、彼らが集まった
　　人々に話しかける。

フリーモント・ストリート・エクスペリエンス（P63）

住所：EAST FREMONT STREET, LAS VEGAS NEVA-
　　DA 89101
電話：702-678-5600
オープン：1995年12月
オーナー：FREMONT STREET EXPERIENCE LIMITED
　　LIABILITY COMPANY
プロジェクトアーキテクト：THE JERDE PARTNERSHIP
スカイパレードデザイン：JEREMY RAILTON &ASSO-
　　CIATES
スカイパレードコンポーザー：DAVID STEINBERG
施工：MARNELL CORRAO ASSOCIATES

スケール：全長427m　幅38m　高さ27.5m
総工費：7,000万ドル
その他：アーケード内側の210万個の電球がコンピュー
　　ターの操作で効果音とシンクロして劇的な映像を作
　　り出す。日没から毎時ごと。

サーカス・サーカス（P68）

住所：2880 LAS VEGAS BOULEVARD SOUTH, LAS
　　VEGAS NEVADA 89109
電話：702-734-0410　Toll Free/1-800-634-3450
オープン：1968年10月18日
オーナー：CIRCUS CIRCUS ENTERPRISES
敷地面積：277,000㎡(うち建物敷地面積26,000㎡)
カジノ面積：9,675㎡
総客室数：3,746室
駐車台数：5,719台
主な付帯施設：レストラン7店舗　スナックバー5店舗
　　バー＆ラウンジ7店舗　ショッピング街(20店舗／
　　3,600㎡)ウエディングチャペル　グランド・スラムキャ
　　ニオン・テーマパーク(1993年オープン／20,000㎡)
その他：メーンカジノ2階では、無料で見られるサーカス
　　ショーが午前11時から真夜中まで繰り広げられる。
　　そのサーカスステージを取り囲むように並んだ子供
　　用のゲームコーナーは大人も楽しめる。

MGMグランド（P74）

住所：3799 LAS VEGAS BOULEVARD SOUTH, LAS
　　VEGAS NEVADA 89109
電話：702-891-1111　Toll Free/1-800-929-1111
オープン：1993年12月18日
オーナー：MGM GRAND
アーキテクト：VELDON SIMPSON
インテリアデザイナー：HENRY CONVERSANO &ASS-
　　OCIATES, MILLER & JEDRZIEWSKI ASSOCIATES
敷地面積：493,700㎡(うちホテル敷地面積390,180㎡)
カジノ面積：15,932㎡
総客室数：5,005室(うちスイートルーム751室／客室
　　棟30階建て)
駐車台数：9,000台
総工費：10億ドル
主な付帯施設：テナントショップ11店舗　劇場（2カ所
　　／650席、1,700席）MGM GRAND GARDEN
　　ARENA (16,325席／25,000㎡）　MGM GRAND
　　ADVENTURES

トレジャーアイランド（P81）

住所：3300 LAS VEGAS BOULEVARD SOUTH, LAS
　　VEGAS NEVADA 89109
電話：702-894-7111　Toll Free/1-800-944-7444
オープン：1993年10月27日
オーナー：MIRAGE RESORTS
アーキテクト：ATLANTIA DESIGN
インテリアデザイナー：THOMAS DESIGN CENTER,
　　THE JERDE PARTNERSHIP
敷地面積：405,000㎡(ただしザ・ミラージュも含む)
カジノ面積：8,360㎡
総客室数：2,900室(うちスイートルーム212室／客室棟
　　36階建て)
総工費：4億7,000万ドル
主な付帯施設：ウエディングチャペル2カ所
その他：バッカニア湾を復元したホテルの入り口では、
　　フランシス・ドレーク提督率いる英国艦隊と海賊船
　　ヒスパニョーラ号が大砲を撃ち合いながら交戦。一
　　日に15,000ドルもかかるこのショーは、もちろん無
　　料で見られる。強風時は中止。

ザ・ミラージュ（P89）

住所：3400 LAS VEGAS BOULEVARD SOUTH, LAS
　　VEGAS NEVADA 89109
電話：702-791-7111　Toll Free/1-800-627-6667
オープン：1989年11月
オーナー：MIRAGE RESORTS
アーキテクト：ATLANTIA DESIGN
敷地面積：405,000㎡(ただしトレジャーアイランドも含む)
カジノ面積：9,000㎡
総客室数：3,049室(客室棟30階建て)
総工費：7億3,000万ドル
その他：夜になると15分おきに噴火する火山のアトラク
　　ションはあまりにも有名。ジークフリード＆ロイの
　　ホワイトタイガーを使ったマジックショーは、かつ
　　て日本で公演されたこともあり、現在も人気を博し
　　ている。ラスベガスでチケットの入手が最も難しい
　　ショーの一つである。

サムズ・タウン（P97）

住所：5111 BOULDER HIGHWAY, LAS VEGAS
　　　NEVADA 89122
電話：702-456-7777　Toll Free/1-800-634-6371
オープン：1979年3月21日
オーナー：BOYD GAMING CORPORATION
アーキテクト：DOUGALL DESIGN
敷地面積：234,900㎡
カジノ面積：16,500㎡(3フロア)
総客室数：650室(うちスイート33室)
駐車台数：4,040台
総工費：1億ドル(ただし1994年の増改築の工費)
主な付帯施設：MYSTIC FALLS PARK (2,330㎡)　シ
　　　ョッピングエリア(2,250㎡)　レストラン10店舗　バー
　　　13店舗　プール　ボーリング場

ラマダ・エキスプレス（P103）

住所：2121 SOUTH CASINO DRIVE, LAUGHLIN
　　　NEVADA 89029
電話：702-298-4200　Toll Free/1-800-243-6846
オープン：1988年6月
オーナー：AZTAR CORPORATION
アーキテクト：MORRIS & BROWN ARCHITECT
敷地面積：109,350㎡(うちホテル敷地面積9,000㎡)
カジノ面積：4,800㎡
ホテル面積：56,800㎡
総客室数：1,500室
駐車台数：2,904台
総工費：1億8,000万ドル
主な付帯施設：ビュッフェ、レストラン、スナックバー
　　　等8店舗　ギフトショップ　プール　パビリオン　建物
　　　のまわりを一周する蒸気機関車のレプリカ「オール
　　　ド・ナンバー7」

コロラド・ベル（P108）

住所：2100 SOUTH CASINO DRIVE, LAUGHLIN
　　　NEVADA 89028
電話：702-298-4000　Toll Free/1-800-458-9500
オープン：1987年6月
オーナー：CIRCUS CIRCUS ENTERPRISES
アーキテクト：VELDON-SIMPSON
インテリアデザイナー：YATES-SILVERMAN
敷地面積：153,000㎡
カジノ面積：5,900㎡
ホテル面積：120,000㎡
総客室数：1,232室

駐車台数：1,725台
主な付帯施設：レストラン5店舗
その他：外輪船を模した建物の外観は全長185mある

バッファロー・ビルズ（P114）

住所：I-15 AT THE CA / NV BORDER, NEVADA 89019
電話：702-386-7867　Toll Free/1-800-386-7867
オープン：1994年
オーナー：PRIMADONNA RESORTS
アーキテクト：ILIA BEZANSKI
インテリアデザイナー：YATES-SILVERMAN
カジノ面積：4,150㎡
総客室数：1,239室
駐車台数：2,900台
主な付帯施設：レストラン&バー6店舗　アトラクション
　　　(ローラーコースター／DESPERADO)　STAR OF THE
　　　DESERT(6,500席)　WATER FLUME LOGRIDE (AD-
　　　VENTURE CANYON)
その他：ネバダ州とカリフォルニア州の州境、ステート
　　　ラインにあるバッファロー・ビルズだが、同地には他
　　　にウイスキー・ペッツ（WHISKY-PETE'S）、プリマド
　　　ンナ(PRIMADONNA)の三つのホテル＆カジノが隣接し
　　　てある。この三つのホテル＆カジノはいずれもプリマ
　　　ドンナ・リゾート社の経営による。バッファロー・ビ
　　　ルズの映画のセットのような設えがなされたカジノ、
　　　建物を縫うように走るローラーコースターはニューヨ
　　　ーク・ニューヨークにも導入されている手法。ニュー
　　　ヨーク・ニューヨークの半分を同社が持っていること
　　　を考え併せると、この設定には妙に納得させられる。

モータウン・カフェ（P122）

住所：At New York-New York 3790 LAS VEGAS BO-
　　　ULEVARD SOUTH, LAS VEGAS NEVADA 89109
電話：702-740-6969
オープン：1997年1月12日
オーナー：BRIAN DANEMAN, MOTOWN CAFE L.L.C.
アーキテクト：HAVERSON ARCHITECTURE AND
　　　DESIGN
インテリアデザイナー：THE JERDE PARTNERSHIP
面積：3,000㎡
客席数：700席
営業時間：終日営業
主なメニュー：リブ　チキン　ミートローフ　サラダ　パスタ

ダイブ！（P128）

住所：At Fashion Show Mall 3200 LAS VEGAS BOULE-
　　　VARD SOUTH, LAS VEGAS NEVADA 89109
電話：702-369-3483
オープン：1995年6月12日
オーナー：STEVEN SPIELBERG, JEFFREY KATZEN-
　　　BERG, STEVE WYNN, LARRY LEVY, MARK LEVY,
　　　SKIP BRONSON
アーキテクト：JOE MEISEL ASSOCIATES
インテリアデザイナー：IDLETIME NETWORK
面積：1,350㎡
客席数：550席
営業時間：日曜～木曜／午前11時30分～午後10時
　　　　　金曜・土曜／午前11時30分～午後11時
主なメニュー：オリジナルピザ　パスタ　サラダ

オフィシャル・オールスター・カフェ（P134）

住所：At Showcase:Coca-Cola 3785 LAS VEGAS
　　　BOULEVARD SOUTH, LAS VEGAS NEVADA 89109

電話：702-795-8326
オープン：1996年12月14日
オーナー：ANDRE AGASSI, WAYNE GRETZKY, KEN
　　　GRIFFEY, JR., JOE MONTANA, SHAQUILLE O'NEAL,
　　　MONICA SELES, TIGER WOODS, ROBERT EARL
面積：3,250㎡
客席数：600席
営業時間：月曜～土曜／午前11時～午前2時
　　　　　日曜／午前10時～午前2時
主なメニュー：T-Boneステーキ　ハンバーガー11種
　　　スパイシーチキンウイング　パスタサラダ

カントリー・スター　ラスベガス（P139）

住所：3724 LAS VEGAS BOULEVARD SOUTH, LAS
　　　VEGAS NEVADA 89109
電話：702-740-8400
オープン：1996年7月1日
オーナー：COUNTRY STAR RESTAURANTS, VINCE
　　　GILL, REBA McENTIRE, LORIANNE CROOK,
　　　CHARLIE CHASE
面積：1,900㎡
客席数：550席
営業時間：日曜～木曜／午前10時～午後11時
　　　　　金曜・土曜／午前10時～深夜
主なメニュー：ラトルスネークソース・バーベキュー
　　　リブ　ヒッコリーチキン　カーボーイステーキ　バッフ
　　　ァローステーキ

プラネット・ハリウッド（P143）

住所：At The Forum Shops at Caesars 3500 LAS
　　　VEGAS BOULEVARD SOUTH, LAS VEGAS
　　　NEVADA 89109
電話：702-791-7827
オープン：1994年7月
オーナー：PLANET HOLLYWOOD INTERNATIONAL
インテリアデザイン：DAVID ROCKWELL
面積：2,300㎡
客席数：550席
営業時間：午前11時～午前2時
主なメニュー：ピザ　パスタ　魚料理　ハンバーガー

あとがき

ストックホルムからロンドン、ヒューストンを経由し、夜の翼は一路ラスベガスを目指し暗黒の大陸を通過すること約2時間。突如として視界に開けた点と線の光り輝くG・R・E・A・Tな不夜城。それはこれまでの私の取材活動において、忘れることのできない印象的なアプローチであった。

ネバダ州政府が、ギャンブルを合法化して今年で65年め。砂漠の中の街ラスベガスは、カジノ、エンターテインメント、観光リゾートのメッカとして、アメリカ国内の景気に左右されることなく、今日では100万人都市にまで成長した。

街の景観という視点から見ると、ラスベガスでは80年代の後半になってから、テーマ性、エンターテインメント性、アミューズメント性のある大型ホテルの建設ラッシュが始まり、投資が投資を呼ぶ相乗効果により、かつてのギャンブルの街というイメージから、家族連れで楽しめるリゾート観光都市への脱皮を遂げ、「世界で最も発展する街」と称されるまでになった。

本書では、このように大型化するラスベガスのホテル&カジノを、ラスベガスの中心街はもちろんのこと、南へ150km、コロラド川沿いに開発の進むラーフリン地区、ネバダ州とカリフォルニア州との州境にできたステートライン地区にまで取材範囲を広げ計16作品、スポーツ、映画、ミュージックをテーマにした話題のレストランを5作品、さらにデザイン的に面白いホテル&カ

ジノの外観を「ファサードデザイン」として取り上げた。

ラスベガスを訪れる国内外の観光客は現在、年間約3,000万人。10年後には1億人にまで達すると、楽観的予測をする広報担当者も多い。ラスベガスの将来性と観光地としての価値は高まる一方で、それを見越してラスベガス進出をねらう企業も急増しており、ホテル&カジノの建設ブームはとどまるところを知らない。

「ニューヨーク・ニューヨーク」のウィリアム・J・シャーロック社長がインタビューに答えて、建設プロジェクトに当たって「世界で最も忘れられない街づくり」を基本コンセプトにしたと語っているように、ラスベガスの都市景観づくりの発想にはユニークなオリジナル性が感じられ、そこにはアメリカ社会が築き上げてきた歴史と文化の集積を垣間見ることができよう。発展するラスベガスのホットな空間づくりに見られるダイナミズムを、本書を通して理解していただければ幸いである。

最後に、取材・撮影に協力していただいた各施設と、建築家の眼を通してラスベガスの建築を解読していただいた榎本弘之氏、ラスベガスの歴史について素晴らしい原稿をまとめてくださった榎本道子氏、ほか関係各位に深く感謝いたします。

1997年7月1日
武藤聖一（フォトジャーナリスト）

●取材，撮影

武藤聖一（むとう しょういち）
フォトジャーナリスト（在スウェーデン・ストックホルム）

1944年 千葉県生まれ
明治大学政治経済学部卒業後、デンマークに渡り情報収集活動に入る。1972年スキャンパン・プレス社設立。1975年スウェーデンに渡り現在に至る。スカンジナビア、パリ、ロンドンなど、主にヨーロッパを中心に、建築、インテリアを取材、撮影。専門誌などに執筆中。主な著書に『ヨーロッパのホテル&そのレストラン』（別冊商店建築59／小社刊）、『ヨーロッパのパブ&バー』、『ガレリア』などがある。
スキャンパン・プレス社主宰 スウェーデン海外特派員協会（FPA）会員
Scanpan Press:Kungsklippev.3, S-141 40 Huddinge,SWEDEN
Phone/46-8-7794651 Fax/46-8-7794652

榎本弘之（えのもと ひろゆき）
建築家

1955年 東京都生まれ
1977年東京大学工学部建築学科卒業後、1977～1983年東京大学大学院修士・博士課程。1979年に設計組織アモルフを創設。1995年（株）榎本弘之建築研究所を設立し、現在に至る。1981～1984年東京電機大学非常勤講師、1994年より日本大学理工学部非常勤講師を務めている。
東京大学卒業設計賞（1977年）、第2・第3回SDレビュー入選（1983・84年）、第4回吉岡賞（新建築新人賞1988年）等の受賞歴とともに『現代建築を担う海外の建築家101人』（共編。1985年鹿島出版会）の著書、『モラリティと建築』（SD選書。1981年鹿島出版会）の訳書等の執筆歴がある。

榎本道子（えのもと みちこ）

1958年 東京都生まれ
1981年慶應義塾大学文学部（美学美術史学専攻）卒業。『フランク・ロイド・ライト全集』（共訳。1986年エーディーエー・エディタ・トーキョー）等の訳書がある。

取材コーディネート：武藤佐智子(Sachiko MUTO/Coordinator)
資料提供：ラスベガス観光局 写真提供：高野浩毅 レイアウト・DTP：ビスタ 図面作図・トレース：元澤民博（凪工房一級建築士事務所） 翻訳：バドロゥ海瀬元子 編集アシスタント：平間さくら 今井文子